CAUSES
DE LA DECADENCE
DU GOUT
SUR LE THÉATRE.

SECONDE PARTIE.

CAUSES
DE LA DECADENCE DU GOUT
SUR LE THEATRE,

Où l'on traite des droits, des talens, & des fautes des Auteurs; des devoirs des Comédiens, ce que la Société leur doit, & de leurs usurpations funestes à l'Art Dramatique.

SECONDE PARTIE.

AU PARNASSE FRANÇOIS,
& se trouve A PARIS,

Chez DUFOUR, Libraire, Quay de Gêvres, la quatrième Boutique en entrant par le Pont Notre-Dame, à l'Ange Gardien.

M. DCC. LVIII.

CAUSES
DE LA DÉCADANCE
DU GOÛT
SUR LE THÉATRE.

CHAPITRE XV.

Des nouveautés & de leur nombre.

Si toutes les Piéces nouvelles étoient bonnes, il n'y a point de doute qu'elles satisfissent à la fois l'Acteur & le Spectateur. Mais plus le nombre en est grand, plus il y a de foible & de choix à faire. Nous verrons bientôt qui a droit de faire ce choix. Il n'est question ici que des nouveautés.

II. Partie. A

Rien de plus commun que les murmures des Comédiens sur le nombre des pièces qu'on leur présente chaque jour. Je conviens que cela peut les déranger quelquefois. Mais leurs études sont-elles l'unique devoir qu'ils ayent à remplir ? Point du tout. Ils ont le public à satisfaire en perfectionnant leur jeu, & en variant ses amusemens. Cette dernière obligation est aussi étroite pour eux que la premiere. S'ils se contentoient de bien jouer toujours la même pièce, je ne crois pas qu'on les laissât jouir longtems de cette douce létargie.

Ainsi quand un Comédien fait les plaintes dont nous venons de parler, qu'il craigne qu'on ne lui dise : « Les » Auteurs abondent chez vous ; recevez-les, vous le devez. Ce qui n'est » que médiocre devient passable, puis » excellent, quand on a sçu encourager l'Auteur. Le secret de former » un grand Artiste, c'est de lui faire

» aimer son art dès le commence-
» ment. Vous avez peu de tems pour
» tant d'affaires? Soyez moins dissipés,
» vous en trouverez pour tout. Un
» Comédien prend le plus grand plai-
» sir qu'il puisse goûter en travaillant
» à en procurer au public.

» Quand on aime à s'occuper, on
» trouve toujours assez de momens
» de repos. D'ailleurs on sçait que
» vous n'en prenez qu'à votre aise ;
» que vous n'êtes pas gens à vous
» fatiguer. Y en a-t-il parmi
» vous dont la santé décline, & qui
» ait contracté des infirmités qui
» soient la suite d'un travail long &
» opiniâtre ?

Il n'y a sans doute trop de nouveautés que parce qu'elles ne réussis-
sent pas. Mais ce n'est pas une raison pour les dédaigner. Une seule re-
préfentation suffit pour dédommager
la Troupe.

« Qui ne sçait le vif empressement

que nous avons pour le nouveau ? Il l'emporte souvent même sur le beau. Que dis-je, souvent ? ne voit-on pas tous les jours mille gens se dépouiller de bijoux du plus grand prix, pour se jetter sur des bagatelles, sur des frivolités ? Avec qu'elle ardeur cette Financiere ne dévore-telle pas les colifichets de du Lac ? Si l'on n'y prend garde ses diamans se transformeront en mille petits ouvrages de ses mains.

Pourquoi ce Marquis, dont la femme est jeune, belle, spirituelle, du meilleur caractère & de grande Maison, l'abandonne-t-il pour courir après les caresses d'un minois ignoble qui n'en refuse à personne ? Pourquoi ce favori de Plutus, errant d'appartemens en appartemens dans son vaste Palais, engloutit-il des millions dans un château qui n'est pas fini, & le détruit-il pour le faire rebâtir à quelques toises plus loin ? Pourquoi ce curieux vendit-il ses Tableaux pour des Médailles, celles-ci pour des coquillages, qu'il céde encore pour des papillons ?

La nouveauté est la cause de toutes ces extravagances. La nouveauté est l'élement du François. Et pour le dire en passant, ce défaut qui part d'une extrême vivacité est peut-être plus digne d'envie que cet engourdissement, qui en retrecissant la sphère des désirs, annonce presque toujours un défaut d'organisation.

C'est donc flatter le public que de lui donner des nouveautés. Comment espére-t-on donc s'attirer ses suffrages, en jouant sans cesse des chefs-d'œuvre à la vérité, mais qui sont si usés, qu'on en est presque aussi ennuyé que d'une piéce pitoyable ?

Les yeux ne peuvent être perpétuellement fixés sur un objet. Mais ils y reviennent avec plaisir, quand on a eu l'adresse de les délasser par des distractions bien ménagées. Les nouveautés, quelles qu'elles soient, causent ces distractions. Elles donnent aux organes épuisés le tems de reparer leurs forces. Elles effacent peu-à-peu les idées trop récentes, & reveillent la curiosité assoupie.

Qu'on se rappelle la satisfaction qu'éprouvent plus de huit jours avant une premiere représentation, les amateurs du théatre. On diroit que leurs plaisirs renaissent. Ils s'entretiennent de l'Auteur, de l'Ouvrage, des circonstances de sa reception, des anecdotes qu'il a fait naître; enfin tout Paris en est occupé. Si la piéce prend, la joie, les jugemens, les critiques, tout redouble. Si elle tombe, outre les fruits que nous venons de détailler; le public tirera encore de cette espece d'alerte, cet avantage que le mauvais le ramenera au bon. La comparaison qu'il fera de la piéce nouvelle, rendra

dra à l'ancien théatre tous les agrémens de la nouveauté.

Comment les Comédiens peuvent-ils donc déclamer contre les nouveautés, utiles à la fois au public & au Théatre ?

CHAPITRE XVI.

De la préſentation des Poëmes aux Comédiens ; de leur réception, & du choix de ceux qu'on joue dans les intervales.

UN Comédien joue-t-il pour ſoi ? Si cela eſt, il peut jouer telle Piéce qu'il lui plaît. Si c'eſt au contraire pour le ſpectateur, le goût de celui-ci l'emporte avec raiſon ſur le ſien. Le Comédien peut être comparé en ce ſens, au Médecin. L'un diſſipe l'ennui, véritable maladie de l'ame, comme l'autre guérit celle du corps. Que penſeroit-on d'un Docteur, qui voudroit faire prendre à un malade, des remèdes qui ne ſeroient bons qu'à lui-même ? C'eſt donc pour le ſpectateur que le Comédien joue.

Il remplit cette obligation par ſon

zéle, par son jeu, & par la beauté des piéces qu'il donne. Le spectateur s'acquitte envers lui, en connoissant, & en saisissant les uns & les autres.

S'il arrivoit qu'un Comédien, jouant une bonne pièce, ne le contentât pas, & cela arrive, il auroit donc manqué son but. Si mettant de la vérité dans son action, il n'étoit pas applaudi, (disgrace éprouvée par un Acteur qui s'est retiré il y a quelques années,) il n'y parviendroit pas non plus. C'est donc le goût du public qui fait le sort des piéces & des Acteurs. C'est donc à lui qu'appartient le choix des unes comme des autres.

On lui a laissé à-peu-près le choix des Comédiens : & ceux-ci se sont arrogé le droit de recevoir les piéces ; ils ne les admettent que pour lui. Mais pourquoi leur goût n'est-il pas le sien ? Le public n'a pas même reclamé un droit, qui dans les mains des Comédiens, est la source de mille abus.

L'amour propre domine autant l'homme de Lettres, que qui que ce foit, & lui eſt pardonnable. Les Auteurs ont avec raiſon, de la répugnance à faire des démarches auprès des Comédiens, pour la réception de leurs Ouvrages ; & ils concluent avec un égal fondement, à ne les point faire, quand ils peuvent s'en difpenfer.

La conduite des Comédiens envers les Auteurs, eſt ſi indécente qu'elle ſoulève tous les efprits. Les amateurs du Théatre, les plus zèlés partiſans des Comédiens, les François, les Etrangers, tout dépofe contre leur fier defpotifme. Le cri eſt général. Le goût du Théatre eſt, à la vérité, porté parmi nous juſqu'à la phréneſie. Mais celle-ci ſe tourne contre les Comédiens, dès que par des démarches indifcrétes, ils donnent lieu à quelque plainte. Qu'en doit-on conclure ? Que le levain du mécontentement fermente dans tous les cœurs ; qu'il est sans doute encore trop foible pour étouffer entierement notre passion pour les représentations théatrales ; mais que sans cesse accru par le spectacle des usurpations des Acteurs, & par l'abus qu'ils font de nos propres droits contre nous-mêmes, ce levain parviendra enfin à triompher d'un penchant qui nous humilie, & à nous inspirer autant d'aversion pour le Théatre que nous aurons eu de goût pour lui. Si les Comédiens vouloient réfléchir aux preuves, que le public leur donne assez souvent de sa sensibilité à leurs outrages, ils verroient sans doute que la révolution dont nous les ménaçons, n'est pas si éloignée qu'ils se l'imaginent.

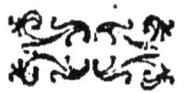

CHAPITRE XVII.

Du gouvernement & de la Police intérieure du Théâtre.

TANT que les Comédiens dirigeront le Théâtre, selon leur caprice & leurs propres intérêts, je doute qu'il subsiste longtems avec éclat. L'intérêt général est confondu avec celui des particuliers ; mais cette union insensible, pour la plûpart d'entr'eux, est souvent regardée comme un ridicule de plus. Quelquefois seulement, on veut bien concourir par orgueil au bien public ; mais quand la vanité s'est satisfaite, on ne pense plus qu'à soi-même. Seroit-ce parce que le rapport du bonheur particulier au bonheur général, est encore moins frappant que le rapport du bien général au bien particulier ?

L'idée de soi-même absorbe toute autre idée. Cet égoïsme, comme s'exprimeroient quelques-uns, qui dans un cercle immense d'êtres, liés les uns aux autres, persuade qu'ils sont tous nés pour nous, & que nous, ne le sommes pour aucun d'eux, entre dans la tête des Comédiens, & y peut-être considéré comme la cause des usurpations qu'ils ont faites sur le Théâtre, sur les Auteurs & sur le public. Pour les colorer, on s'est appuyé d'un lieu commun; chacun est le maître chez soi, dit-on; ainsi nous pouvons prendre dans notre sale, telle résolution qu'il nous plaira.

Des vûes étroites ont laissé jetter à ce préjugé de profondes racines. on n'a regardé le Théâtre que comme un divertissement dont la forme étoit indifférente. A peine a-t-on trouvé dans Paris une seule maison pour l'y donner. Les Magistrats municipaux d'alors, ne penserent pas que le spectacle, le soin d'en préparer & d'en orner la Scène, étoient une de leurs principales fonctions chez les Anciens. On s'en reposa sur les Comédiens. Ils se logerent où ils purent, donnerent au Théâtre telle forme & telles Loix qu'il leur plût. Le public qu'ils devoient avoir uniquement en vûe, n'y entra que pour l'argent qu'il y apportoit. Ce ne fut que leur bien qui leur servit de regle. Les Auteurs qui étoient les arcs-boutants du Théâtre, en devinrent les manœuvres. Ils n'étoient alors, comme à présent, que des serviteurs aux ordres des acteurs.

C'est donc à la négligence des Officiers municipaux, qu'on doit la prompte décadence que le Théâtre éprouve. En effet, les Comédiens jouant pour leur compte, & dans un lieu qui leur appartient, disposent en maîtres, de tout ce qui le concerne. Il paroissoit assez naturel, dans les commencemens, comme nous l'avons déjà dit, que les propriétaires d'une maison, y ordonnaſſent à leur gré, tout ce qui y avoit rapport. Les auteurs qui font valoir ce domaine, accablés ſous l'idée de propriété & de ſeigneurie, furent pris pour des vaſſaux, ou pour de ſimples cultivateurs, qui ne devoient jouir du bénéfice de leurs travaux, que précairement.

Voilà me ſemble la principale raiſon qui a élevé les Comédiens ſur les débris de la fortune des Auteurs, qui, dans le droit, ſont les ſeuls créateurs des plaiſirs que le Théâtre procure. Car on conçoit bien un ſpectacle ſans Comédiens de profeſſion, puiſque le Poëte pourroit jouer ſes piéces lui-même, comme il y en a des exemples. Mais un Théâtre ne ſeroit qu'un être de raiſon ſans Poëmes, & par conſéquent ſans Auteurs.

On nous dira peut-être, qu'il eſt

possible que le Comédien compose les piéces qu'il joue, comme l'Auteur peut jouer celles qu'il a composées; & qu'il y en a aussi des exemples.

Il n'y a guère d'Auteurs qui ne puissent représenter dans leurs ouvrages. Ils les jouent en les composant; sans cela, comment jugeroient-ils de l'effet qu'ils doivent faire? S'ils se trompent quelquefois à cet égard, cela ne prouve pas qu'ils n'ayent pas joué en travaillant; mais seulement qui ont manqué de goût, ou s'en sont laissé imposer par la prévention. Il y a encore, à la vérité, des Auteurs qui lisent mal, mais il déclament bien; & j'en ai connus qui donnoient de bonnes leçons aux Acteurs, quoiqu'ils lussent sans grace.

Au contraire, il y a peu & très-peu de Comédiens qui ayent composé avec succès. Ainsi il s'en faut bien que ce petit nombre suffise pour remplir un Théâtre.

N'eſt-il pas honteux à la capitale du Royaume, de devoir aux Comédiens la principalle ſale des Spectacles, tandis que toutes les villes, un peu conſidérables de Province, en ont de conſtruites à leurs dépens?

Un Théâtre bâti par la Ville de Paris, illuſtreroit autant la Préture, que mille autres établiſſemens; & feroit un ornement de plus à la Capitale. Les beſoins du Citoyen exigent le premier ſoin des Magiſtrats municipaux; ſon bonheur eſt le triomphe de leur zèle.

La propriété acquiſe aux Comédiens de la ſale du Spectacle, eſt la premiere cauſe du dépotiſme qu'ils y exercent, dans l'adminiſtration intérieure. Il en eſt une autre qui ne mérite pas moins d'attention; c'eſt la haute idée qu'on a communément de la profeſſeſſion de Comédien. Ce préjugé ſoutenu par des ſavans, par des Poëtes du premier ordre, ne nous paroît pas difficile à détruire ; & nous nous croyons obligés de nous en charger, avec d'autant plus de raison, qu'il eſt impoſſible de rendre quelque éclat à la Scène Françoiſe, ſi on ne remet pas le Comédien à ſa propre place, & les Auteurs & le public dans leurs droits.

CHAPITRE XVIII.

Prétention des Comédiens au titre d'homme à talens, mal fondée.

LA qualification d'homme à talent, est une de ces ressources que l'amour-propre a imaginées, pour élever certains arts au-dessus des autres. On ne peut la contester à ceux qui exercent les arts libéraux ; mais comme il est arrivé de grandes révolutions dans les autres, depuis trois siécles ; il y en a plusieurs qui ont pris place à côté des beaux arts, & ceux qui s'en occupent jouissent de la même dénomination. Tels sont les graveurs & quelques autres, à qui l'on est convenu généralement de ne la point disputer.

Mais ceux-là seuls ont droit de

prendre le titre *d'Homme à talents*, parce qu'on ne doit appeller ainsi que ceux qui, sans aucun assujettissement, sans nulle contrainte, exercent un art où l'imagination & le génie en font plus que la main. L'invention est le point d'appui, pour m'exprimer ainsi, de ces Artistes. Par elle ils ressemblent à ceux qui professent les hautes Sciences ; sans elle ils sont confondus avec les ouvriers.

Le Musicien imagine-t-il une piéce? Il crée son sujet : il le commence, l'interrompt, s'y remet & l'abandonne encore à son gré. Le Peintre laisse une composition pour une autre, & la liberté qu'il donne à son génie, met souvent le sceau à la perfection de ses Ouvrages. L'Architecte en use de même. Personne ne peut contraindre ni les uns ni les autres, à telle & telle espéce de travail.

Je sçais qu'il y en a plusieurs qui consultant plus un certain intérêt, que la la noblesse de leur profession, contractent des engagemens, dont l'honneur & la bienséance leur font, dans la suite des devoirs indispensables. Je sçai même qu'il y en a en qui les fonctions de certaines Charges sont d'une obligation étroite.

Dans le premier cas, l'Artiste sort de son état, & à prix d'argent, en engage les plus nobles prérogatives. C'est moins comme homme à talent, que comme homme intéressé, qu'il se lie lui-même, & préfére la fortune à la liberté de son art.

Dans le second cas, les Charges dont les Artistes sont revêtus, sont des récompenses dûes à la supériorité de leurs talents. Les devoirs qu'elles imposent sont trop respectables dans leurs motifs & dans leur fin, pour être une véritable chaîne. Ce n'est pas la Charge qui en est une par elle-même, ce sont les conditions auxquelles on l'a acquise.

Qu'est-ce qui communément fait le Comédien ? L'infortune, le libertinage, l'incapacité pour tout autre état, l'inconduite, & la fausse prévention où est la jeunesse, sur la Profession de Comédien.

On ne peut disconvenir que ce ne soient là les motifs généraux qui conduisent au Théatre. On ne niera pas non plus qu'ils ne soient une des premieres causes de l'opprobre que les gens sensés attachent à cet état. C'est une régle sûre en morale, que la fin que nous nous proposons dans une entreprise, nous rend dignes d'estime ou de blâme dans l'exécution.

Il arrive quelquefois que le génie qui nous domine, nous conduit au milieu des plus grands désordres, & de la bassesse, à l'état qui lui est propre. On a vu se distinguer dans les Lettres & dans les Arts, des gens qui avoient pris un état bien opposé.

La

La réputation que ceux-ci se sont acquise, étoit indépendante de leur premier état. Elle relevoit l'homme & laissoit la profession dans la bassesse.

D'ailleurs ce démon dominant, qui nous entraîne malgré nous, aux choses qui sont du ressort de nos talens naturels, mais cachés, ne produit de grands hommes que quand il engage à des grandes entreprises. Et on ne lui sçait point de gré s'il ne porte qu'au médiocre & au mauvais, comme cela n'arrive que trop.

S'il y a eu des Comédiens qui ont poussé leur profession au-delà des bornes ordinaires, ils se sont distingués, & la profession est restée la même. Un Forgeron peut rafiner son art, & surpasser ses Confréres, sans que l'art en obtienne un dégré de noblesse de plus.

Qu'on ne me donne que des Comédiens habiles, je rendrai justice à leur mérite; mais je n'éleverai ni ce mérite au-dessus de lui-même, ni la profession aux nues. Quand je ne verrai qu'une multitude de mercenaires, qui, la plûpart, n'ont d'autre capacité que de supputer à quoi se monte la part qu'ils ont dans le produit des chambrées, je m'étonnerai que des gens qui ont des lumieres, leur prodiguent une qualification qui ne doit être accordée qu'au génie.

Nous avons dit que les gens dignes du titre d'Homme à talents, étoient libres. Le Comédien au contraire n'est que l'homme du Public, & son gagiste. Il doit faire tous ses efforts pour lui plaire. C'est à lui qu'il rend compte de ses actions, & qu'il répond de ses fautes. Il tremble devant lui, comme devant un Juge souverain, qui lui accorde ou refuse grace à son gré. Veut-il s'absenter ? Il est obligé d'en demander permission. Veut-il quitter le Théatre ? On le force d'y rester. Se dispenser de jouer certains rôles ? Il y est contraint. Sortir de France ? Il est puni.

Ne sont-ce pas là les caractères de l'asservissement le plus formel ?

Le Roi a gagé les Comédiens, comme des gens attachés à sa maison & à sa suite. Cette seule prérogative n'est-elle pas au-dessus de tout ce qu'on vient de dire ?

Elle y ajoute une nouvelle force au lieu de le détruire. Le Roi se plaît à jouir des mêmes spectacles que son Peuple. Si Sa Majesté donne des pensions aux Comédiens, & les soumet à la jurisdiction de quelques-uns de ses principaux Officiers, c'est pour que les amusemens de ses Sujets soient plus réglés & moins dépendans des caprices de la Troupe; c'est pour en écarter les abus, qui se glisseroient dans un Spectacle sous l'autorité du public si facile à éluder ou à usurper; c'est pour que la Troupe

C ij

sente mieux l'étendue de ses devoirs, & ait moins de prétextes de s'en affranchir. En un mot, c'est pour l'accoutumer à se plier aux vûes du public, par la soumission qu'elle doit à ses ordres.

En outre le Service du Roi, quelqu'honorable qu'il soit, est un double engagement, une nouvelle dépendance, qui confirme la premiere. De ce qu'ils ont deux Maîtres, conclura-t-on qu'ils n'en ont point ?

C'est comme Domestiques de la Maison du Roi, qu'ils en sont gagés; & cette qualité, la plus belle qu'ils ayent, n'a rien qui leur mérite le titre d'Homme à talents. Je n'imagine pas qu'ils osent se dire Officiers du Roi, ni du second, ni du troisiéme ordre. Ainsi leur service ne leur laisse aucun droit au titre dont il s'agit, auquel les Valets de pied ne puissent aspirer, avec plus de raison, puisqu'ils sont pourvus de Brevets d'Office, qui leur donnent le pas sur les Comédiens.

Les Anciens, m'objectera-t-on, après avoir occupé les premieres places dans les armées, venoient jouer leurs Poëmes sur le Théatre d'Athènes. On a vû en Angleterre un Gentilhomme se plaire à faire en public le rôle d'Orosmane. La Cour de France a dansé avec les Acteurs de l'Opéra, sur le Théatre; ,, Non, ,, dit M. de Voltaire, d'où ces deux ,, derniers faits sont tirés ? Aucun ,, des beaux Arts n'est méprisable; & ,, il n'est véritablement honteux, que ,, d'attacher de la honte aux talents.

Eschyle jouoit dans ses Tragédies, & étoit bon Officier. Mais il n'y a rien là de contraire à nos principes. Moliere étoit un homme de génie comme Eschyle; mais ce n'est pas parce qu'il jouoit ses Piéces à l'imitation de cet ancien, mais parce qu'il les composoit. Eschyle, pour se rendre plus agréable au peuple, montoit sur le Théatre; mais je suis sûr qu'Athènes n'eut pas vu d'un bon œil, l'un de ses Capitaines, faire le Comédien autrement que dans ses propres Piéces. Cela est si différent que l'Histoire ne nous dit point qu'Eschyle ait représenté dans d'autres Piéces que les siennes.

Un Gentilhomme a pu faire, sur le Théatre de Londres, sans être Comédien de profession, le rôle d'Orosmane; mais s'il méritoit de la considération, c'est qu'il jouoit un plus beau rôle dans la Société. Cette fantaisie a dû être agréable aux Anglois, dans un homme qui a bien voulu descendre de son état, pour les amuser; mais en eussent-ils pensé aussi favorablement, s'il eût sérieusement fait choix du métier de Comédien? Je sçais qu'on peut être Gentilhomme & Comédien: mais on voit des Nobles être pis que cela encore, sans être un exemple à suivre pour la Noblesse.

Si Louis le Grand a dansé pêle mêle avec les Acteurs de l'Opéra, c'est que les plaisirs que les Rois goûtent sur le Trône, n'excluent point ceux qu'ils trouvent au milieu de leurs Sujets. Louis XIV. comme le remarque très-bien M. de Voltaire, s'abstint de ces danses, quand il eut conçu l'idée de la véritable grandeur. Les Rois ennoblissent tous les divertissemens ; mais ceux-ci n'ennoblissent pas tous les hommes. L'usage moderé que les grands Princes font de ces plaisirs, n'empêche pas qu'on ne les prenne toujours pour ce qu'ils sont. S'ils se faisoient une trop grande habitude du Théatre, on l'oublieroit. C'est cette habitude, si basse dans les Maîtres du monde, que les Romains, & toute la Terre depuis eux, ont reproché avec raison à l'Empereur Néron.

Au reste, que les Rois jouent la

Comédie, je tiendrai la scène pour très-honorée. Mais cet honneur disparoît avec eux ; & ne passe point aux Acteurs, qui ne sont que des Comédiens aux yeux de la raison. Si un Souverain s'avisoit en chassant dans une Forêt, d'y faire un fagot, imprimeroit-il aux Bucherons un caractère de Noblesse ineffaçable ? En feroit-il des gens à talents ?

Dans une de ces *Hôtelleries*, espèce de divertissement assez commun dans les Cours d'Allemagne, quand le bon goût y étoit moins connu; dans une Hôtellerie, dis-je, tenue pour célébrer le Mariage d'une Princesse de Danemarck avec un Duc de Holstein, la Reine fit le personnage de coupeuse de bourses, & le Prince Royal son Fils, celui de Garçon Barbier. Dira-t-on que depuis ce tems-là, les Barbiers & les Filoux soient devenus hommes à talents ?

Quand on aura vû dans les deux
Chapitres

Chapitres suivans, que les talens qu'on suppose au Comédien n'existent que dans le préjugé ; nous espérons que l'on conviendra enfin que nous sommes fondés à leur en refuser la qualification. Les Romains avoient des Comédies attellanes, ainsi appellées, dit Tite-Live, parce que la jeune Noblesse ne pouvoit jouer que dans ces Piéces, & avoit seule le droit d'y jouer. Le Théatre étoit donc regardé à Rome comme indigne des gens de condition.

On a vu des Affranchis manier, presque à la place des Empereurs, le timon de l'Etat. Nul Comédien n'est parvenu à cet honneur. Roscius, dont l'Histoire nous a conservé le nom, plûtôt pour marquer la foiblesse de ses admirateurs, que pour éternifer sa mémoire, reçut de Rome des applaudissemens, quelques bienfaits, & mourut Comédien.

Après chaque Spectacle, les Romains expoſoient aux yeux du peuple une Actrice toute nue ; cet uſage s'étoit-il introduit par les Comédiens où par les Romains ? Une Actrice d'une rare beauté ſe ſera montrée nue dans un rôle qui l'exigeoit, pour le jouer d'une maniere qui lui fût plus avantageuſe, où pour obtenir l'effet de quelque demande. Alors ce que la néceſſité, ou l'amour-propre avoient engagé de faire une fois, eſt tournée en habitude; c'eſt ainſi que parmi nous, les graces avec leſquelles Arlequin danſa ſon premier Ménuet, ont déterminé à le lui demander toujours dans la ſuite.

Peut on ſuppoſer qu'une Actrice ait jamais pu être obligée par ſon rôle, à bleſſer ainſi l'honnêteté publique? La Police l'auroit-elle ſouffert ? Si l'Actrice l'a fait pour obtenir quelque grace ; la beauté a un pouvoir reconnu dans le ſecret, mais un étalage impudent de ſes charmes, choque la vue au lieu de toucher le cœur. Si l'Histoire nous apprend qu'une seule femme (Phrénice) pût assister dans les Jeux Olimpiques, aux combats de la Lutte, ce fut par un privilége spécial, & pour la récompenser d'y avoir conduit elle-même son fils Euclée. Quelle différence d'admettre par grace, une femme parmi des Lutteurs qui combattoient nuds, ou d'introduire une femme nue au milieu d'une foule de Spectateurs de l'un & de l'autre sexe ! Les Grecs excluoient les femmes des exercices qui les obligeoient d'être nuds ; mais les Romains auroient-ils souffert qu'une Actrice parût dans cet état, à des Jeux qui ne l'exigeoient pas ?

Supposons néanmoins pour un moment, que cette Actrice a sacrifié toute pudeur pour parvenir à ses fins. Rien ne coûtoit donc alors aux Comédiens pourvu qu'ils plûssent ? Quels étoient donc alors les Comédiens ? Rome devoit-elle accorder tant d'estime à des gens qui poussoient l'adulation jusqu'à se prostituer publiquement pour servir ses passions?

Si, comme il est vraisemblable, cet usage à été établi par les Romains; n'avilirent-ils ainsi leurs Acteurs que pour prouver qu'ils tenoient parmi eux un rang distingué? Les hommes ont souvent pris une route opposée à celle qu'ils devoient suivre; mais c'est quand ils flottoient entre l'incertitude & l'ignorance des chemins. Comment Rome auroit-elle pu croire que couvrir les Comédiens d'infamie, c'étoit leur donner une preuve de la haute idée qu'elle avoit d'eux? Ne diroit-on pas au contraire qu'ils ne pouvoient jamais être assez flétris à ses yeux; puisque pour les plonger dans un plus profond abîme d'avilissement, elle sacrifia le soin des mœurs mêmes?

Les Romains en autorisant un

usage si dangereux, avoient des raisons proportionnées aux maux qu'il devoit causer. La déférence que Caton le Censeur marqua un jour pour cette pratique ancienne, en se retirant du Théatre pour la laisser observer, nous le prouve assez. Nous croyons voir ces raisons dans la politique & dans la législation Romaines.

Dans une Ville toujours agitée de troubles & de factions, les Magistrats sentirent la nécessité de donner des spectacles. Mais d'un autre côté, connoissant la fureur du Peuple pour les Jeux, ils ne crurent pas moins de leur devoir d'empêcher qu'elle ne dégénérât en une frénésie, qui eût été une nouvelle source de désordres. C'est pourquoi ils firent de leurs divertissemens un spectacle qui, en révoltant l'humanité & la raison, en diminuoit le désir & l'yvresse. Il est certain que les combats de Gladiateurs produisoient ce double effet; la moitié des spectateurs y frissonnoit d'horreur. Si l'autre moitié sembloit goûter un plaisir barbare à voir couler le sang humain, & même expirer les combattans; quels reproches ceux-ci ne devoient-ils pas se faire, en réfléchissant sur la nature de leurs amusemens?

Ces combats sanglans étoient donc un remède contre eux-mêmes. Autrement Rome auroit-elle pu les justifier à ses propres yeux? Sans cette sage politique le Peuple n'auroit jamais quitté le Théatre. Si les malheureux qui y combattoient, n'y eussent souvent perdu la vie, leur gloire auroit été briguée avec ardeur, & tous les Romains auroient voulu être Gladiateurs.

Rome étoit animée du même esprit à l'égard des Acteurs Dramatiques. S'ils étoient bons, ils étoient applaudis; ces applaudissemens devoient inspirer du goût pour leur profession.; mais cela étoit contre l'esprit de la loi, qui ne vouloit pas qu'on s'exagérât le mérite des Acteurs. C'est pour prévenir cet abus qu'il fut ordonné qu'une Actrice fût montrée nue en public. Le Comédien devoit plaire, mais non pas jusqu'à faire envier son état. Comme il y parvenoit souvent, on lui imposa l'obligation de se couvrir soi-même de honte au milieu de ses succès, pour effacer entierement l'impression de ceux-ci, & ne laisser subsister que le souvenir de celle-là.

C'est pourquoi ils ne devoient satisfaire à cette ordonnance infamante, qu'à la fin de la Piéce. Cette prostitution rappelloit au peuple ce qu'il en avoit coûté pour monter sur le Théatre; ce qu'il devoit penser d'un état qui asservissoit à un devoir si honteux, & de gens qui avoient été capables de faire de si grands sacrifices pour l'embrasser.

Ne reconnoît-on pas les traces de leur politique à cet égard, dans l'usage où étoient les Lacédémoniens d'inspirer de l'aversion pour l'yvrognerie, par le tableau des excès mêmes de ce vice ? Sparte enseignoit la sobriété à ses citoyens, en leur mettant devant les yeux l'intempérance de leurs esclaves. Rome entretenoit dans les siens l'idée de la vraie gloire, en aviliſſant une profeſſion qui pouvoit les séduire. Ceux-là relevoient l'éclat des mœurs, en lui oppoſant les triſtes effets d'une paſſion brutale. Ceux-ci apprenoient à juger sainement des hommes, en dégradant encore plus ceux qui s'étoient oubliés. Des deux côtés on voit le même principe & les mêmes vûes, seulement appliqués à des objets différends.

Les Romains comme les François, paſſérent facilement du plaiſir de la Comédie, à la recherche de la Comédienne. Bientôt les gens de qualité & les riches, ne purent vivre décemment, sans avoir dans une petite maison une Actrice à leurs gages. Cette dépense devint un besoin, comme une preuve de la grandeur & de l'opulence. La jeunesse Romaine secoua le joug de l'autorité paternelle pour avoir aussi des Actrices. Celles-ci la précipitèrent dans tous les excès que nous voyons de nos jours. Elle étoit souvent hors d'état de remplir les Charges de la République avant l'âge d'y parvenir. De là les gémissemens de tant d'épouses charmantes, les dissensions domestiques, les divorces, les ruptures ; cette humiliante préférence donnée par les beautés de Théatre au plus offrant ; la honte de l'abandon, l'amertume du repentir, les usures immenses & la ruine entière des Maisons.

Aux considérations générales sur

la Comédie, le Législateur en ajouta de particuliéres aux Actrices ; parce que l'amour qu'elles inspiroient, n'avoit pas des suites moins funestes que la passion pour le Théatre, & qu'il n'étoit pas moins nécessaire de réprimer l'un que l'autre.

La nudité des Actrices fut encore le remède aux feux qu'elles allumoient. On les montra en public pour garantir du danger de les voir en secret, & elles perdirent leur pouvoir. La curiosité cesse comme le feu, faute d'aliment. Nos passions s'éteignent moins par ce qu'elles enlévent à notre fortune, que par ce qu'elles coûtent à notre amour propre. Pouvoit-on porter de plus sensibles coups à celui-ci, que d'exposer aux yeux de tout le monde, les objets de ses désirs ? Si ce qu'on voit enflamme quelquefois pour ce qu'on ne voit pas ; on n'a plus de vœux à faire quand on a tout vû. Chez les peuples qui ne s'habillent point la nudité n'excite aucun défir.

Les Romains tiroient le même avantage de celle de leurs Actrices ; & c'étoit le but de la loi. C'eft ainfi qu'ils avoient limité chez eux l'effet des Spectacles, & marqué la place que les Comédiens devoient occuper dans l'opinion publique.

S'il reftoit encore quelques doutes fur cette matiere, le trait fuivant achevera de les diffiper. Decimus Laberius, Chevalier Romain & Poëte, s'appliqua à compofer des Mimes & y excella ; ce n'étoit point un deshonneur à Rome de compofer pour le Théatre, mais on ne pouvoit y repréfenter foi-même fans fe diffamer. Laberius ne put pourtant réfifter aux inftances réitérées de Céfar, qui l'obligea par fes libéralités de monter fur le Théatre à l'âge de foixante ans, pour jouer une de fes Piéces.

Dans le Prologue, qui est un des plus beaux morceaux de l'antiquité, le Poëte exhala sa douleur d'une maniere fort touchante. Macrobe, qui nous l'a conservé tout entier, nous apprend aussi que ce Chevalier Romain, pour venger sa vieillesse, inséra malignement dans le cours de l'ouvrage quelques traits picquans contre ce Prince. Un Valet maltraité par son Maître, s'écrioit: *O Romains! nous perdons la liberté!* Et un peu plus bas : *Il est nécessaire que celui qui se fait craindre de plusieurs personnes, en craigne aussi lui-même plusieurs.* Tout le Peuple à ces traits reconnut César, & jetta les yeux sur lui. Cependant lorsque la piéce fut finie ce Prince, comme pour le réhabiliter dans la dignité de Chevalier Romain, à laquelle il avoit dérogé par complaisance, le gratifia d'un anneau, qu'on pouvoit regarder comme de nouvelles Lettres de Noblesse.

Laberius étant allé enfuite prendre place parmi les Chevaliers, ils se tinrent de telle sorte qu'il n'en trouva point. Ciceron qui le vit dans l'embarras, lui dit, en le raillant : *Je vous aurois reçu auprès de moi, si je n'étois moi-même assis trop à l'étroit**; Se mocquant de Laberius & du grand nombre de Sénateurs que César avoit créés.

La Loi Pappienne interdisoit aux Sénateurs le mariage avec les femmes qui avoient monté sur le Théatre, ou qui avoient été affranchies. Voilà donc les Comédiens qui partagent l'aviliſſement de la ſervitude avec les eſclaves. **

Du tems d'Ulpien il étoit défendu aux Ingénus *** d'épouſer des femmes

---

* *Recepiſſem te niſi anguſte ſederem.*
** *Fragmens d'Ulpien*, chap. 13. & la Loi 44. *De Ritu Nuptiarum.*
*** *Idem.* Tit. 13 & 16.

de mauvaise vie, qui se fussent produites sur le Théatre, ou qui eussent été condamnées par un Jugement public. La défense ne regarde plus les Sénateurs, mais tout homme libre. Les Actrices ne sont plus seulement confondues avec les affranchies, mais avec les femmes prostituées, & avec les criminelles. Quand les usages, les loix & l'opinion générale ont proscrit les Comédiens ; quand d'un bout du monde à l'autre toutes les Nations leur prodiguent l'avilissement & le mépris, pourra-t'on croire encore qu'on appelle ces mêmes Peuples en témoignage en faveur des personnes de Théatre ?

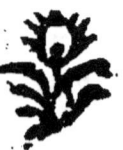

CHAPITRE XIX.

Des Talens mal-à-propos attribués aux Comédiens.

LES partisans du Comédien, pour lui accorder une considération qui ne lui est pas dûe, se fondent sur l'esprit de discussion & d'analyse qu'ils prétendent lui être nécessaires ; sur l'intelligence qui doit lui découvrir tous les rapports de son rôle, ceux des autres rôles avec celui-là, & ceux de tous ces rôles avec l'objet principal du Poëme ; sur les finesses de son art, sur les coups de théatre que le Comédien tire de son propre fond, sur la grandeur d'ame, & les entrailles essentielles à l'Acteur tragique ; sur la déclamation & les bienséances scrupuleuses qu'ils ont seuls introduites au Théatre, & sur la profonde connoissance qu'ils en ont.

» Plus nous avançons, dit l'Auteur
» du Comédien, dans l'examen de
» l'art de repréſenter les Ouvrages
» dramatiques, plus on reconnoît
» combien l'eſprit de diſcuſſion &
» d'analyſe eſt néceſſaire aux Acteurs.

Il eſt certain qu'un Comédien rendroit mal un rôle qu'il n'entendroit pas. Il faut qu'il ſaiſiſſe l'eſprit qui y eſt répandu d'un bout à l'autre. Mais il ne lui faut pour cela que la portion d'intelligence accordée au commun des hommes.

L'intelligence, on le ſçait, eſt le premier, le plus eſſentiel des talens pour tout homme qui veut ſe diſtinguer dans les Sciences & dans les Arts. Elle eſt chez les Sçavans & chez les grands Artiſtes, le flambeau du génie, & ſouvent elle eſt priſe pour lui-même.

Dans les premiers, on la voit, par des efforts opiniâtres, s'enfoncer dans les ſentiers obſcurs de la vérité ;

diſſiper

dissiper les nuages qui renferment les belles découvertes dans un cahos impénétrable ; déchirer ces voiles multipliées, dont la nature aime à cacher ses ressorts, ses secrets, & ses opérations. C'est elle qui, pour triompher de tant d'obstacles, employe une pénétration profonde, un jugement sûr, une imagination ardente à découvrir des routes inconnues. Sans guide il ne faut point s'égarer ; sans lumiére il faut percer des ténèbres épaisses. Sans objet fixe, il faut enfanter des phénomènes.

Tels sont les secours que les Sçavans du premier ordre, empruntent d'une profonde intelligence.

Les Artistes célébres ne lui doivent pas moins. Le beau à des régles générales ; mais je ne sçais par quelle fatalité leur observation ne le produit que rarement. Il y a des nuances, des rapports, des traits de maître qu'elles ne connoissent point,

II. Partie. E

& qu'une intelligence étendue développe seule. Elle fixe le génie sur les objets propres à le faire éclatter. Elle lui démontre des sources nouvelles, elle l'y conduit à travers les abîmes. Elle fait choix, par un discernement exquis, des moyens qui semblent aux yeux du vulgaire promettre un effet tout contraire à ses vûes. Elle déploye en un mot des traits qui n'ont point paru, & qui surpassent en beauté tous ceux que l'on a vûs. Quelle sagacité ! Que de nobles élans ! Que de recherches laborieuses ! Qu'on la suive s'il est possible dans ses procédés ; on la verra toujours s'écartant des routes frayées, dédaignant les foibles rayons qui l'environnent, s'elever comme un nouveau Promethée, jusqu'au centre de la lumiére, & dérober le feu céleste.

On a dû remarquer dans ce que nous venons de dire, qu'une haute intelligence, ne tient que d'elle-même la beauté de ses plans, le caractère de ses ouvrages, l'ordre de ses opérations, les objets de ses recherches; en un mot, si l'on peut le dire, l'esprit de son rôle. C'est à ces traits d'indépendance & de souveraineté qu'on reconnoit l'intelligence propre aux Sciences & aux beaux Arts. Inutilement la chercheroit-on dans des sujets dont les pas sont comptés, les démarches assujetties à une loi étrangère, & qui doivent mouvemens, idées, expressions, enfin tout à autrui.

Il est visible que le Comédien est retenu en exerçant sa profession, dans une dépendance formelle. Tous ses devoirs se bornent à suivre pas à pas les idées du Poëte; à prendre les mouvemens qui y sont tracés, à rallentir ou à précipiter son action, selon que les situations qui lui sont prescrites l'exigent. S'il est des passa-

E ij

ges d'un mouvement à l'autre, qui soient difficiles, parce qu'ils s'entrechoquent; ils sont marqués par des expressions coupées, par des idées interrompues, par la ponctuation. Ne sont-ce pas là autant de sources où l'Acteur puise les différentes qualités de son action ; d'où ses mouvemens coulent dans un dégré de chaleur, d'énergie ou de modération, toujours proportionné aux modéles que le Poëme lui offre, & combiné avec le caractère écrit des personnages ?

Quelles finesses, quelles nuances, l'Acteur découvre-t-il que le Poëte n'ait point apperçues ? Ou elles sont dans les détails de la piéce, ou dans l'assemblage de toutes ses parties.

Dans le premier cas, il n'y a point d'idées, point de finesse, point d'expression même que l'Auteur, (nous ne parlons que de ceux qui méritent ce titre) n'ait comparées à d'autres, dont il n'ait balancé la force, la douceur & les effets. Le génie qui, en composant, le transporte dans toutes les situations, lui indique le plus beau jeu qui ait pu naître de tous ses ressorts. La préférence qu'il a donnée aux uns, est une preuve de la supériorité qu'ils ont sur les autres.

Et on prétend qu'après une attention si sérieuse, un choix si réfléchi, ses yeux n'ont pas apperçu jusqu'aux nuances les plus déliées ?

Parce que le public ne veut pas voir toute l'étendue du discernement de l'Auteur ; parce qu'un Comédien développera ses pensées, ses sentimens mieux qu'un autre, le Poëte ne les a point eus ? parce que l'un travaille dans le fond d'un cabinet, & que l'autre joue en public, les finesses dont l'un assaisonnera son jeu, ne seront point à l'autre, qui les a senties & exprimées, soit en détail, soit dans le caractère général de sa piéce & de ses personnages ? Cela est aussi injuste qu'absurde.

Non : quelque étude que le Comédien fasse d'un rôle, jamais il ne le verra sous toutes les faces qui ont frappé le Poëte. Ce n'est que dans les travaux de l'enfantement que l'analyse & la comparaison étalent toutes les qualités des objets.

D'ailleurs, quelque prévenu que l'on soit en faveur du Comédien, on ne met apparemment pas son talent au-dessus du génie des Corneille, des Racine, des Crébillon, des Voltaire. Si ces Grands Hommes sont supérieurs en lumières au Comédien, pourquoi leur refuseroit-on une plus parfaite connoissance de leurs propres ouvrages ?

Dans le second cas, toutes les beautés qui peuvent sortir de l'ensemble d'un poëme, appartiennent à l'Auteur, comme celles d'un grand édifice font à l'Architecte. Accordons, si l'on veut, que la représentation découvre au Poëte une perfection d'harmonie qui avoit pu lui échapper. Cette perfection en est-elle moins dans son Drame, en est-elle moins à lui ?

Une Tragédie est une vaste machine dont la régularité des mouvemens peut surpasser l'attente du machiniste ; mais doit-elle être attribuée à un autre qu'à celui qui lui a donné l'action & la vie ?

N'est-ce pas le Poëte qui a créé ces caractères, qui a groupé ces personnages, & qui a imprimé sur tous les rôles cet esprit général qui les vivifie, & cause des impressions si délicieuses ?

Je le répéte, tout dans une Tragédie appartient à l'Auteur. Les grandes situations, les beaux mouvemens, les coups de théatre, ne passent pour beautés, que parce qu'ils sont des émanations de l'esprit général. Pour donner des talens au Comédien on les ôte au Poëte! Quel effort d'imagination? En privant le Comédien du mérite de l'analyse, de la discussion, des finesses de l'art, des coups de théatre, & d'une intelligence supérieure; nous ne faisons que le rendre à lui-même.

Au reste, en lui refusant une intelligence égale à celle qui caractérise les vrais hommes à talens, nous ne prétendons pas l'en dépouiller absolument. Nous l'avons insinué au commencement de ce Chapitre; mais qu'il soit en état de suivre le plan que l'Auteur a tracé; qu'il mesure son jeu au dégré de chaleur qui anime les personnages; qu'il saisisse bien l'esprit de son rôle, qu'il joigne à cela la perfection du corps, un organe convenable aux parties qu'il embrasse. Nous aurons un homme
d'une

d'une vûe, d'une intelligence fort ordinaires, & un bon Comédien.

Il nous reste à examiner si les *entrailles*, & la grandeur d'ame sont en effet indispensables au Comédien.

Presque tous les hommes, & surtout les moins estimables, prennent dans le discours, des principes & des sentimens vraiment héroïques. Ils affectent un ton si insinuant, si persuasif, qu'en ne les connoissant pas, on les croit pénétrés de ce qu'ils disent. L'amour propre fait sentir aux plus méchants la nécessité de paroître vertueux. Si l'on ne disoit que ce qu'on sent, y auroit-il dans le monde tant de fausses caresses, tant de trahisons, de politesses forcées, tant de vaines promesses ? il le faudroit sans doute. Mais l'expérience ne nous prouve-t-elle pas que cette loi, si chère à la sociéte, est une des plus négligée ?

Si l'on se méthamorphose journellement & sans le moindre effort, dans les divers rôles que l'homme joue sur la terre, pourquoi le Comédien n'emprunteroit-ils pas dans le sien, la même facilité, un ton de grandeur, & des affections que la nature lui auroit refusés ?

Il y a sur le Théatre beaucoup de caractères vicieux. On y représente des menteurs, des hypocrites, des tyrans, des libertins, des méchants. S'il est nécessaire au Comédien de jouer ces rôles d'après nature, on en fait donc un monstre en horreur au genre humain ? S'il doit jouer d'original tous les rôles excepté ceux-ci. On exige donc de lui tout à la fois, qu'il ait, & n'ait pas le caractère assorti à ses rôles ? Car on sçait que le même Acteur représente les personnages vertueux & ceux qui ne le sont pas.

L'art de l'Acteur est une imitation. Il ne fait autre chose que de se mettre à la place des héros que le Poëte introduit fur la fcène. Or, quoique cette imitation ne foit qu'intermédiaire à celle de l'Auteur, c'eſt toujours une imitation. Je demande, fi pour imiter la nature par exemple, d'après un autre tableau, avec les fecours des couleurs, il faut être animé de toutes fes lumières, inftruit de tous fes moyens, enfin s'il faut être la nature même ? Non aſſurément : c'eft affez de fe conformer en général à fon efprit, de fuivre de loin fes opérations & d'admirer fes effets connus.

Eh ! des yeux, la moindre attention n'y fuffifent-ils pas ? Du moins quand on fe contente de copier les imitateurs immédiats de la belle nature. Qu'on fuppofe pour un moment que le tems nous ait tranfmis les chefs-d'œuvres de la peinture ancienne, dans toute leur fraîcheur & leur beauté. Que les plus fameux

F ij

Peintres modernes, épris d'une sotte vénération pour les anciens, n'ayent fait servir leurs pinceaux qu'à copier leurs tableaux. Cet usage de leurs talens leur auroit-il acquis une grande gloire? Auroit-il prouvé une merveilleuse intelligence ? La Société leur auroit-elle une grande obligation ? Ils auroient tout au plus, dans des productions toujours médiocres, conservé des morceaux dont la perte nous auroit coûté plus de regrets, parce que les débris d'une grande fortune ajoutent une nouvelle amertume à son ressouvenir.

Tels sont les Comédiens à l'égard des Auteurs : copistes serviles ; il ne leur faut que de l'attention pour entrer dans leurs idées & les mettre dans un beau jour; comme l'Eleve n'a besoin que de voir les Tableaux d'un Maître pour les rendre. Je suis même persuadé que les Poëtes perdent autant dans la bouche de l'Acteur, que le grand Peintre dans les copies de fes Eleves.

Enfin, fi l'Acteur étoit affecté réellement des fentimens qu'il exprime, il lui feroit impoffible de paffer rapidement aux divers mouvemens qu'il doit repréfenter. Ecoutons un Maître de l'Art s'en expliquer. ″ Je ″ vais à ce fujet, Madame, dit Ri- ″ coboni le fils, vous dévoiler une ″ de ces brillantes erreurs dont on ″ s'eft laiffé féduire, & à laquelle un ″ peu de charlatanifme de la part des ″ Comédiens, peut avoir beaucoup ″ aidé..... Il m'a toujours, conti- ″ nue-t-il, paru démontré, que fi l'on ″ a le malheur de reffentir véritable- ″ ment ce que l'on doit exprimer, on ″ eft hors d'état de jouer. Les fenti- ″ mens fe fuccédent dans une fcène ″ avec une rapidité qui n'eft pas dans ″ la nature. La courte durée d'une piè- ″ ce oblige à cette précipitation qui,

» en rapprochant les objets, donne à
» l'action théatrale, toute la chaleur
» qui lui est nécessaire. Si dans un en-
» droit d'attendrissement vous vous
» laissez emporter au sentiment de
» votre rôle, votre cœur se trouvera
» tout-à-coup serré, votre voix
» s'étouffera presqu'entiérement. S'il
» tombe une seule larme de vos yeux,
» des sanglots involontaires vous
» ambarrasseront le gosier. Il vous
» sera impossible de proférer un seul
» mot sans des hocquets ridicules. Si
» vous devez alors passer subitement
» à la plus grande colére, cela vous
» sera-t-il possible ? Non sans doute,
» vous chercherez à vous remettre
» d'un état qui vous ôte la faculté de
» poursuivre; un froid mortel s'em-
» parera de tous vos sens, & pen-
» dant quelques instans vous ne joue-
» rez plus que machinalement. Que
» deviendra pour lors l'expression

» d'un sentiment qui demandera beau-
» coup plus de chaleur & de force que
» le premier?

Il semble que le Comédien ne puisse atteindre la perfection de son art, qu'en s'oubliant entièrement soi-même ; qu'en ne mettant rien du sien dans son jeu ; qu'en ne montrant dans tous ses mouvemens qu'une copie continuelle.

» Une personne de Théatre, dit M.
» Remond de Sainte-Albine, ne se
» fait jamais mieux remarquer, qu'en
» paroissant avoir emprunté le génie
» de l'Auteur, auquel elle prête sa
» voix, & l'ame de l'héroïne (ou du
» héros) qu'elle représente.

Si ce même Auteur ajoute : » Que
» les larmes, que les fléxions touchan-
» tes fournissent au sentiment, sont
» encore plus puissantes que celles
» qu'il emprunte des expressions les
» plus énergiques. » Il n'a pas fait attention que les inflexions touchantes

font dans l'esprit des expressions énergiques, qu'elles en sortent comme de leur source naturelle; enfin, qu'elles ne touchent que parce qu'elles sont des plus énergiques.

Pourroit-on d'ailleurs imaginer ces inflexions sans le discours ? N'est-il pas leur baze ? Que seroit le coloris si l'on faisoit abstraction du dessein & du plan des figures, & même des caractères ? Encore différe-t-il des inflexions qui ne se supposent que dans les muets, en ce qu'absolument parlant, on peut le trouver sans la régularité du dessein, & c'est toujours une beauté : au lieu que des inflexions de voix, sans un sujet qui les caractèrise, ne peuvent être qu'inintelligibles & ridicules.

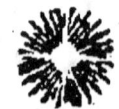

CHAPITRE XX.

Suite des prétendus talens du Comédien & de la Déclamation théatralle.

LES beautés d'un Poëme brillent d'un feu qui passe de l'Ouvrage à l'Auteur, comme il est passé de l'Auteur à l'Ouvrage. Les mouvemens sont le fruit de ce beau feu ; & l'Acteur ne le doit qu'à ce qu'il déclame. Il n'est donc pas nécessaire qu'il en ait par lui-même, il suffit qu'il soit propre à en recevoir, & que son ame s'embrase des flammes qui petillent dans l'ouvrage.

L'art de bien rendre les idées d'un Auteur, est donc l'effet de ce beau feu, ou tout au plus, d'une étude où la mémoire agit plus que le jugement, & où les répétitions réitérées laissent tout le mérite au cours forcé des esprits & à l'action servile des muscles.

C'est presque toujours le passé qui est le maître du Comédien. Ce qu'il a éprouvé dans un tel où tel tems, dans telle où telle circonstance, est ce qui le guide. Et comme il n'y a rien de si facile que de trouver des ressemblances en toutes choses, quand on a un côté fixe pour les regarder; toutes les piéces où le Comedien a joué, lui découvrent des rapports entr'elles, qui abrégent beaucoup son étude, & impriment à son jeu une uniformité qui prouve qu'il est souvent dispensé d'esprit & de travail.

J'ai vû & l'on voit tous les jours des Comédiens, qui ont les mêmes gestes dans quelques pièces qu'ils jouent. Ce sont des Ouvriers méchaniques qui font bien leur ouvrage, parce qu'ils n'en font que d'une espèce; ou parce que cet ouvrage ne différe que dans la forme. La routine supplée en eux au raisonnement.

Je sçais que la Comédie a produit de bons Auteurs. Mais s'ils étoient Comédiens avec de l'esprit, ils n'étoient pas gens d'esprit, parce qu'ils étoient Comédiens.

Les Comédiens sont souvent admis chez les Grands, j'en conviens, mais comme des instrumens de plaisir; mais comme des gens capables, par des bouffonneries, ou par le récit de quelques-uns de leurs rôles, de divertir un cercle nombreux.

Cet amusement sert d'épisode aux plaisirs, toujours les mêmes, & dès là souvent insipides de la grandeur & de l'opulence. L'amour propre peut en user encore parce qu'il lui semble plus donner aux facultés intellectuelles, que les autres divertissemens. Mais dans cette supposition même, le Comédien n'est qu'un organe artificiel, qui n'amuse que par des traits d'emprunt, que par des beautés qui ne font pas en lui.

Est-il absolument nécessaire d'être homme d'esprit pour bien faire des rôles de niais, pour réussir dans ceux de soubrette ? Non assurément : pour peu qu'on connoisse son Théatre on n'en demandera point d'exemples. De la vivacité, une certaine volubilité de langue, un air familier, un goût d'intrigue, voilà où se réduisent les grands talents d'une soubrette: avec cela elle pourra être dans le particulier ennuyeuse & ridicule ; les actions qui détraquent la machine pourront ne lui pas causer la moindre émotion, ne lui pas faire tomber la navette des mains.

Le Comédien n'est qu'un instrument dont le Poëte se sert pour nous communiquer ses idées, à peu-près comme on se sert d'un violon pour charmer les oreilles des sons les plus touchants. M'aviserai-je d'élever ce

Violon jufqu'aux nues ? Non. J'attribuerai mes plaifirs au maître habile qui le fait fi bien parler.

Le Comédien fait les fonctions d'un fubalterne, comme un Bas-Officier donne à fes foldats les ordres de fon fupérieur. Encore le Sergent agit-il fouvent fans confulter fon Capitaine, par les droits qui font attachés à fon grade. Ce que ne peut un Comédien, qui fuit pas à pas un Poëte jufques dans fes écarts. S'il donne du coloris à fes difcours, il ne lui eft pas permis de le faire jurer avec fes expreffions. Ainfi, ce coloris lui-même eft une preuve de fa fervitude.

Il y a des Arts, me dira-t-on, qu'on met au rang des libéraux, dont les maîtres travaillent comme le Comédien, à repréfenter l'ouvrage des autres. Telle eft la gravûre, qui dépofe fur le cuivre, les meilleurs morceaux des plus grands Peintres.

Il y a une grande différence entre la gravûre & l'art du Comédien. De même que le Peintre n'applique ses couleurs qu'après avoir deffiné son sujet, auquel il donne, par elles, une nouvelle forme. De même le Graveur en travaillant fur des ouvrages peints, leur imprime une autre apparence, un autre caractère. En repréfentant le même fujet, il a le secret de le rendre tout différent. Il fait plus : il imite fi bien fon modéle, dans cette différence même, que l'on peut dire à la fois, que c'eft lui, & que ce ne l'eft pas.

Ainfi la gravûre, en prenant quelquefois fes fujets chez autrui, les embellit des graces qui lui font propres. Elle ajoute les perfections de fon art à celles de la peinture.

D'ailleurs fi la gravûre s'occupe de fujets déja peints, c'eft plûtôt par la vénération qu'elle a pour fon illuftre mere, que par impoffibilité de fe suffire à elle-même. On voit plusieurs habiles Graveurs, qui n'ont pas moins réussi dans les sujets qu'ils ont imaginés, que dans les autres.

Des Comédiens ont aussi joué leurs Piéces. Mais nous l'avons déja dit : il falloit les regarder sous ce double point de vûe d'Acteurs & de Poëtes, c'est-à-dire, dans deux états bien différens, par les qualités qu'ils exigent, & par la considération qu'ils méritent. Au contraire, que le Graveur burine sur les desseins d'autrui, ou sur les siens propres ; il ne change ni d'état ni de qualité : celle de dessinateur ne pouvant être séparée d'un Art, dont elle est le fondement principal.

Enfin, la Déclamation, cette partie essentielle de l'Art oratoire, *donne au discours*, dit l'Auteur du Fils Naturel, *tout ce qu'il a d'énergie*. Elle sert non-seulement à l'Auteur, mais encore au Lecteur ; à l'un, à juger de l'effet d'une période, accompagnée d'un ton & d'un geste convenables; à l'autre, à se mettre à la place du premier, & à sentir ce qu'il veut lui dire. Le lecteur déclame en lisant, où il n'entend pas plus ce qu'il lit, que l'Auteur ne l'entendroit s'il ne se débitoit à soi-même son ouvrage en le composant.

Nous répondrons que la déclamation n'est une branche considérable de l'éloquence, que quand elle est unie au tronc. C'est à lui qu'elle doit l'être, c'est lui qui lui conserve, en quelque sorte, la vie, & la distinction qu'il lui a acquise. Si elle offre quelques ornemens à l'éloquence, c'est de la même maniere qu'un arbre est paré de ses feuilles, qu'il nourrit de sa propre substance.

La déclamation tirant son origine, & son lustre de l'éloquence, perd l'une & l'autre en se séparant d'elle. Ce n'est plus qu'un métier, qui ne peut

peut être relevé par la noblesse d'une source qu'il a abandonnée.

Il n'est pas indifférent que l'art de déclamer soit exercé par l'Auteur ou par le Comédien. L'un est le pere, le maître absolu de son Poëme: s'il en laisse à un autre la représentation, ce ne peut être que comme à un subalterne, qui fait le même effet que le masque au visage.

Il faudroit donc que tous les Auteurs se fissent Comédiens ? Oui; pour relever l'art de la déclamation. Mais laissons les choses dans l'état où elles sont, & ne prêtons point aux fonctions du Comédien, un lustre qu'elles n'ont pas. Que ceux d'entr'eux qui se sont distingués, soient mis à la place qui leur est dûe: cela est juste. Ils ont enchanté le spectateur, ils en ont reçu les plus grands applaudissemens ? Voilà leur récompense. Qu'ils soient, si on le veut encore, célèbres parmi leurs confreres. Mais ne les élevons pas au-dessus d'eux-mêmes. Place-t-on au premier rang, dans le Temple de Mémoire, les machines de l'Opéra, dont le jeu cause une si douce surprise ? Le Comédien est au Théatre François pour former les prestiges de l'illusion, ce que les machines font à l'Opéra, pour soutenir le merveilleux que la scène étale.

Le coloris est d'une telle importance dans la peinture, que plusieurs Peintres sont devenus fameux par cette seule partie. Le bon déclamateur excelle dans ce genre, d'où on conclut que la déclamation est un art distingué.

Si le coloris est une grande partie de la peinture, s'ensuit-il que tout ce qu'on peut lui comparer soit considérable comme lui ? L'impression, par exemple, est à la gravûre, ce que les couleurs font à l'art de peindre. Elle donne, comme le coloris, une forme, un corps, & presqu'une âme, aux objets tracés par le burin. Dira-t-on qu'un Imprimeur en Taille-Douce, soit comparable à un Graveur, à un savant coloriste ?

De plus, l'art d'arranger, de combiner les couleurs, subsiste en quelque sorte, par lui-même. Nous en voyons la preuve dans les porcelaines de la Chine, où le dessein n'est presque compté pour rien, & où la vivacité des couleurs mérite seule nos regards. Or, on ne peut pas dire que la déclamation se soutienne, se conçoive même sans le secours de l'éloquence en vers ou en prose ; à moins que par le plus grand abus des termes, on ne la confonde avec la pantomime.

La déclamation n'étant qu'une imitation des discours & des sentimens réels ou fictifs. Cette définition elle-même nous prouve, que l'art de déclamer n'est qu'une beauté accidentelle, dont les piéces ont d'autant moins besoin, qu'elles sont plus parfaites. Celles de nos Grands Poëtes, bien lûes, seroient admirées sur la scène. Elles se déclament d'elles-mêmes. Tel est le vrai caractère des bons Drames. Aristote, & d'après lui Corneille, veulent qu'une piéce bien faite, soit belle & puisse plaire sans le secours des Comédiens, & hors de la représentation.

Il ne faut qu'avoir entendu Mlle. Du Mesnil, pour être convaincu que dans une infinité de rôles, sa déclamation ressemble à une simple lecture. Cependant quels applaudissemens ne mérite-t-elle pas ? C'est que l'art le plus parfait est celui qui paroît le moins. On voit encore parlà, que le Comédien fait moins pour les Poëmes, que ceux-ci pour lui. Si par ses efforts, les médiocres deviennent suportables, on ne doit pas lui en savoir plus de gré qu'à un

Avocat, de s'être chargé de la défense d'une mauvaise cause.

» La violence du sentiment, [*Fils* » *Naturel*,] coupant la respiration, » portant le trouble dans l'esprit, » les syllabes des mots se séparent, » l'homme passe d'une idée à une au- » tre ; il commence une multitude » de discours, il n'en finit aucun, » & à l'exception de quelques senti- » mens, qu'il rend dans le premier » accès, & auxquels il revient sans » cesse, le reste n'est qu'une suite » de bruits foibles & confus, de sons » expirans, d'accens étouffés, que » l'Acteur connoît mieux que le » Poëte.

Ainsi la déclamation, qui est le domaine du Comédien, est presque inconnue au Poëte. Donc le Comédien est aussi nécessaire au Poëte que celui-ci à celui-là.

Ce morceau, qui contient une peinture forte & vraie d'un homme

homme oppreſſé par pluſieurs ſentimens à la fois, eſt terminé par une idée que nous avons déja réfutée dans le Chapitre précédent. Comment les expreſſions d'un Poëte, qui peint le combat de divers ſentimens, ſeront-elles mieux connues du Comédien que de lui-même ?

Il dira, en compoſant : l'Acteur rendra de cette ſorte ce vers, cet émiſtiche, & il ne ſçaura ce qu'il dit! Un Poëte avance donc dans ſa compoſition, comme un aveugle dans un chemin qu'il ne connoit pas ? Ces ſons expirans, ces mots inarticulés, il ne ſçait donc pas ni ce qu'ils ſignifient, ni l'effet qu'ils produiront ? Ces paſſions dont il expoſe le conflict à nos yeux, il ne les a donc point conçues ?

De qui ſont les idées que l'Acteur exprime ? Du Poëte, apparemment. Comment a-t-il rendu des penſées qu'il ne connoiſſoit point ? Il en eſt donc & n'en eſt donc pas l'Auteur tout enſemble ?

Quand Corneille a mis ſon *qu'il mourut*, l'auroit-il écrit au hazard, ſans ſentir les beautés de cette expreſſion ? Le ſpectateur les doit-il au Comédien, ou au Poëte ? Les meilleurs d'entre ceux-ci ſentiroient-ils le moins, tout ce que leur ſujet inſpire ?

Je ſçai que les bons Auteurs travaillent par ſaillies, & d'après un ſentiment qui raiſonne peu, ou qui ſemble peu raiſonner. Mais c'eſt en cela que le ſentiment eſt plus ſûr. La froide raiſon préſente les objets ſous tant de faces, qu'elle eſt ſouvent embarraſſée du choix. Le ſentiment ſaiſit d'abord celle qui lui eſt propre.

Racine en inſtruiſant la Chanmêlé développoit-il en elle un talent qu'il n'avoit point lui-même ? Diſons que quelques diſpoſitions qu'eût cette Actrice, elle ne rempliſſoit point encore l'attente du Poëte. Si Santeuil n'eût point ressenti, longtems même après la composition, tout ce qui anime ses Hymnes, eût-il fait tant d'extravagances quand il les entendoit mal chanter ?

Le même Auteur dit encore: »La voix, le ton, le geste, l'action, » voilà ce qui appartient à l'Acteur; » & c'est ce qui frappe dans le spec- » tacle des grandes passions. C'est » l'Acteur qui donne au discours tout » ce qu'il a d'énergie.

J'admire les excellentes refléxions de M. D... mais si une imagination forte, qui l'entraîne dans ses compositions, l'a jetté dans quelques écarts, il rougiroit sans doute lui-même qu'on préconisât jusqu'à ces tristes marques de la foiblesse humaine.

Non: les expressions différentes qu'il attribue à l'Acteur, ne sont point à lui. Dans quelque moment qu'on l'envisage sur le Théatre, il
n'y

n'y est que le copiste de son original. Toute son action sort du fond de la piece, c'est l'Auteur qui la lui prête. C'est lui qui veut qu'il soit tendre ou furieux, triste ou gai. Ce sont ses vûes que l'Acteur accomplit ; ce sont ses ordres tracés dans le rôle, qu'il exécute. Est-ce l'Acteur qui enfonce le poignard dans le sein de Zaïre ? Si je le pensois, cette cruelle catastrophe, au lieu de m'intéresser, de remuer mes entrailles, me feroit rire. C'est le Monarque irrité que je vois. S'il n'étoit pas bien peint, je m'en prendrois au Poëte, je ne penserois pas même à son copiste.

J'aimerois autant qu'on me soutînt qu'un Marchand de Tableaux est celui qu'il faut louer de la beauté des peintures qu'il vend, que d'avancer que *l'Acteur donne au discours tout ce qu'il a d'énergie.* Si l'on se fût contenté de dire, qu'il fait éclore de l'énergie des idées, l'énergie d'action, cela eût moins senti l'enthousiasme, & on se seroit apperçu que l'énergie d'action ne peut avoir sa source que dans celle des idées.

C'est sans doute par un effet du même enthousiasme, que cet Auteur ,, dit encore, que, maître de son sort, ,, il se feroit Comédien demain, si ,, on vouloit lui répondre des succès ,, de Quinaut du Fresne.

Pour prouver que ces succès ne doivent point enyvrer une ame comme la sienne, comparons encore le Comédien à un Cavalier qui court bien sur un excellent cheval ; lequel du cheval ou du Cavalier devrons-nous louer de la vîtesse de cette course ? Si le Cavalier a quelque mérite ici, c'est de bien monter à cheval, mais cet art acquiert-il l'immortalité ?

De même, si on vante un Acteur, c'est d'avoir bien senti & bien rendu les idées du Poëte, & les passions qu'il a exprimées. Cela vaut-il la peine qu'on brigue avec tant d'ardeur la profession de Comédien ?

De même que le Méchanicien ne paroît que dans ses ouvrages, de même aussi le Poëte dramatique seroit presque dans l'oubli, sans le secours du Comédien.

Nous avons déja dit que les bonnes Tragédies se déclamoient d'elles-mêmes. Nous ajouterons que l'Acteur seroit de toute inutilité sans le Poëte ; mais qu'il n'en seroit pas de même de celui-ci sans l'Acteur. Un écho renvoie les sons qu'on lui articule ; mais ces sons pourroient subsister sans nous parvenir par lui. Outre que nous avons des piéces de Théatre qui n'y ont jamais paru & qui se font lire ; les Poëtes du siécle dernier, & du nôtre, ne seroient pas moins en grande réputation, quand on n'auroit pas représenté leurs Poëmes. Les Piéces des anciens sont, à

H ij

notre égard, comme des ouvrages modernes, qui ne se jouent point; qu'on suppose à ceux-ci les beautés de celles-là, on en fera le même cas.

On ne joue pas tous les jours les Tragédies de Corneille, &c. & tous les jours on les lit avec admiration.

Le Poëme dramatique meut lui-même ses propres ressorts. Il transforme le lecteur en tous ses personnages. Il agit, il parle pour eux; & à moins d'être stupide, il éprouve les mêmes impressions, les mêmes sentimens que s'il étoit à leur place.

Peut-être arriveroit-il que le mérite fût plus longtems à se faire connoître. Encore, dis-je, peut-être: les cabales, que la malignité souleve contre les piéces exposées sur la scène, ne sont qu'un trop puissant obstacle à la réputation littéraire. La Phédre de Racine échoua dans ses premieres repréfentations; mais en fut-elle moins admirée des connoiſſeurs déſintéreſſés ? Imaginons-nous que ce Poëte célébre n'ait fait que cette piéce ; la gloire qu'elle lui auroit acquiſe n'auroit-elle pas devancé les applaudiſſemens du Parterre ?

Enfin, inſiſtera-t-on, ſi le Comédien repréſente l'ouvrage du Poëte, celui-ci ne retrace dans ſon Poëme qu'une action paſſée, qu'il tire de l'Hiſtoire, ou même d'anciens Auteurs qui l'ont traitée avant lui. Donc l'Acteur ne fait, à l'égard du Poëte, que ce qu'il fait lui-même à l'égard des ſources où il a puiſé.

Comparaiſon ſpécieuſe ! Le Poëte eſt le maître d'imaginer ſon ſujet, & l'objection tombe d'elle-même. Mais s'il le tient d'ailleurs ; que de ſituations à créer, que de circonſtances à élaguer, que de contraſtes à former, que de traits à rapprocher, que de caractères à refondre !

L'Histoire nous offre à la vérité, nombre d'événemens tragiques. Je défie qu'on puisse en mettre un seul sur le théatre, tel qu'on le trouve dans ses fastes : les révolutions ne comportent point les unités. Il n'y a point de Grands, de Héros, de Potentats, dont les triomphes ou la chûte soient l'ouvrage d'un jour.

A l'égard des sujets pris dans d'autres Auteurs, on convient qu'il y a moins de mérite à y réussir ; mais il y en a toujours un très-grand, quand on considére que ce qui a plu à une Nation, déplaît à l'autre, par la différence de leurs usages & de leurs mœurs.

Le sujet de Phédre dont nous venons de parler, est une Tragédie d'Euripide. Mais à n'envisager que les chœurs, & l'étendue du Théatre Grec, quels changemens Racine n'a-t-il pas dû faire à sa piéce pour l'accommoder au notre ? Il en a fait dans l'économie, dans les caractères, dans le dénouement; dont il rend compte dans sa Préface, qu'on peut consulter.

Ainsi quoiqu'il ait imité Euripide, on peut dire que c'est un ouvrage nouveau : Et il en est ainsi des autres Auteurs. Plus ils ont eu soin de donner un air de nouveauté à leurs poëmes, plus ils ont eu de difficultés à franchir ; & c'est un mérite de plus.

Arrive-t-il rien de semblable aux Comédiens ? Peuvent-ils s'écarter des idées de leurs Auteurs, changer leur plan, leurs caractères, leur dénouement ? Non : Esclaves asservis aux moindres fantaisies du Poëte, ils ne peuvent prononcer une seule syllabe qu'elle ne leur ait été suggerée.

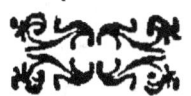

CHAPITRE XXI.

Si les Comédiens épurent les mœurs. Des bienséances qu'ils prétendent avoir introduites sur le Théatre.

C'EST peu d'accorder au Comédien des talens qu'il n'a pas, & un titre qui ne lui est pas dû; on prétend qu'il épure les mœurs, & il s'en flatte lui-même, en s'attribuant la gloire d'avoir introduit les bienséances sur le Théatre. Il s'occupe, dit-on, à représenter les actions héroïques, à multiplier les exemples du vice puni, & de la vertu recompensée. Par les traits frappans de l'un, ils jettent dans l'ame le trouble & la terreur. Par le triomphe de l'autre, ils lui inspirent les vertus les plus sublimes. Enfin, en nous peignant les foiblesses & les ridicules de la vie humaine ; ils corrigent les mœurs & ramènent les esprits à la raison. Peut-on se proposer une fin plus louable, plus glorieuse ?

Si les Comédiens opéroient tant de bien, leur corps seroit aussi respectable qu'utile : le malheur est qu'il n'en soit rien. La Machine de Marly élève l'eau plusieurs centaines de toises au-dessus de son cours ; forçant les loix de la nature, elle fait monter ces eaux du fond d'une profonde vallée, sur des hautes montagnes, pour aller faire le plaisir de nos Rois.

Ces effets tiennent du prodige ; cependant ne seroit-on pas dépourvu de sens, si, l'encensoir à la main, on rendoit de vives actions de grace à cette machine, à cet amas de bois, de fer, de terre & de pierre ?

Le Comédien est au Poëte, ce que cette machine est à son auteur. L'un est l'instrument avec lequel le premier déploye les ressorts de son génie. L'autre, est le mobile qu'employa le Machiniste, pour mettre au jour les merveilles qu'il avoit conçues. On n'est pas mieux fondé à attribuer les effets qui résultent des ouvrages de Théatre au Comédien, que l'élevation des eaux, & leur écoulement dans les magnifiques Jardins de Marly, à la machine de ce nom : l'une & l'autre sont des moyens subsidiaires, des ressorts d'emprunt, dont le Poëte & le Méchanicien, se servent pour le plus parfait développement, & pour l'exécution de leurs vastes desseins. C'est donc à ces génies qu'il faut sçavoir gré des avantages qu'ils procurent.

Est-il bien certain, en prenant les Comédiens pour le Théatre, qu'ils épurent les mœurs, & corrigent les hommes ? Aristote dit : Que le seul but du Poëme Dramatique est de plaire au spectateur. Oh! la belle école, s'écrie Cicéron, que la Tragédie & la Comédie! Si on ôtoit tout ce qu'elle offre de vicieux, elle seroit reduite à rien. *O præclaram emendatrium vitæ pocticam, quæ si flagitia non probaremus, nulla esset omninò!* Tusc. *L. 4.*

Ecoutons encore cet Auteur, parlant du plus Grand Comédien que Rome ait eu. » Roscius est un si ex- » cellent Acteur, dit-il, qu'il paroît » seul digne de monter sur le Théâ- » tre : mais d'un autre côté il est si » homme de bien, qu'il paroît seul » digne de ni monter jamais. *Pour Quint. Rosc. traduct. de M. Restaut.*

Tacite dit : Que les Germains avoient les mœurs pures, parce qu'ils fuyoient les spectacles. *Nullis spectaculorum illæcebris corrupti.* De Mor. Germ.

L'Empereur Justinien ne peut regarder comme des jeux, ce qui est la source du crime. *Quis ludos appellet eos ex quibus crimina oriuntur ?*

La Motte Houdart s'en explique ainsi dans son Discours sur la Tragédie : « Nous ne nous proposons pas » d'éclairer l'esprit sur le vice & la » vertu, en les peignant de leurs » vraies couleurs. Nous ne songeons » qu'à émouvoir les passions par le » mélange de l'un & de l'autre. Les » hommages que nous rendons quel- » quefois à la vertu, ne détruisent » pas les passions que nous avons » flattées. Nous instruisons un mo- » ment, mais nous avons longtems » séduit.

» Je n'ai jamais, dit Fontenelle, » entendu la purgation des passions, » par le moyen des passions-mêmes.

» Tous ces grands divertissemens, » selon le Duc de la Rochefoucault, » sont dangereux. On sort du spec- » tacle, le cœur si rempli des douceurs » de l'amour, & l'esprit si persuadé

» de son innocence ; qu'on est tout
» préparé à recevoir ses premieres
» impressions, ou plûtôt à chercher
» l'occasion de les faire naître dans
» le cœur de quelqu'un, pour rece-
» voir les mêmes plaisirs, & les mê-
» mes sacrifices que l'on à vûs si bien
» représentés sur le Théatre.

Enfin, Ricoboni le pere, Comédien
assez fameux, après être convenu que
dès la premiere année qu'il monta
sur le Théatre, il ne cessa d'en voir
les dangers : assure, » qu'après une
» épreuve de plus de cinquante an-
» nées, il ne pouvoit s'empêcher d'a-
» vouer que rien ne seroit aussi utile
» que la suppression entière des spec-
» tacles.

Nous ne les traiterons pas avec
tant de rigueur, mais nous conclue-
rons, que la prétendue purgation
des mœurs, est une chimère inven-
tée en faveur seulement des Comédiens. Passons aux bienséances qu'ils

se ventent d'avoir introduites sur la scène.

Je ne crois pas que par cette correction les Comédiens entendent ce badinage grossier, ces familiarités, ces baisers qui se donnoient sur le Théatre, dans son enfance, & qui y faisoient le fond des plaisanteries. C'est plûtôt au bon goût qu'à la pureté des mœurs, qu'il en faut attribuer le retranchement.

On appelle Bienséances, en morale, l'art de dérober la connoissance des défauts ou des vices mêmes, à des yeux qu'ils pourroient choquer, ou à des cœurs qu'ils pourroient séduire.

Sur la scène, elles sont l'art de jetter un voile sur des objets que le spectateur ne peut approuver ouvertement, & qui allument des passions dangéreuses. Elles sont de deux espèces. Celles qui roulent sur des expressions convenables à la dignité des personnes, & elles tiennent aux

mœurs; & celles, qui fondées sur la vérité du sentiment, offrent des images trop crues. M. de Voltaire en rapporte deux exemples, qui suffiront pour en montrer la différence. Driden fait dire par Antoine à Cléopatre : " *Ciel! comme j'aimai!* Témoin
" les jours & les nuits qui suivoient
" en dansant sur vos pieds....... Les
" soleils étoient las de nous regar-
" der, & moi je n'étois point las
" d'aimer.

C'est ainsi qu'on viole les bienséances de la premiere espèce. Cléopatre répond : " venez à moi, mon
" cher Soldat : venez dans mes bras.
" J'ai été trop longtems privée de
" vos caresses. Mais quand je vous
" embrasserai, quand vous serez tout
" à moi, je vous punirai de vos cruau-
" tés, par l'impression de mes ardents
" baisers. " Cléopatre, en parlant ainsi, manque sans doute à ce qu'elle se doit à elle-même. Ainsi ces bien-

séances sont des régles fondamentales dont il n'est pas permis de s'écarter. Qu'elles sont donc celles que les Comédiens ont amenées ? Je ne vois plus que quelques expressions hazardées, ou même échapées sans dessein, qu'ils peuvent bannir de la scène. Accordons-leur néanmoins toute l'importance qu'ils leur donnent eux-mêmes. Annonceront-elles des mœurs plus pures, dans les spectateurs, une vertu plus austère, ou produiront-elles cette belle reforme ? Quelques refléxions vont nous l'apprendre.

L'image du vice ne blesse les yeux que quand la réalité est trop connue. Il y a cinquante ans, le Théatre étoit plus libre & les cœurs l'étoient moins. On y rioit de mille choses qu'on n'avoit point à se reprocher. Elles étoient étrangères à la foule des hommes, elles ne l'intéressoient point. On rit des ridicules, des foiblesses

blesses qu'on ne voit que hors de soi. Mais on s'en offense quand on est forcé de les reconnoître en son cœur.

Etrange contradiction ! Plus l'homme s'abandonne aux passions, plus elles lui semblent odieuses dans la représentation. L'habitude, qui le familiarise avec tout, lui rend insuportable le tableau de ses penchants, tandis que la pratique lui en fait une source de délices.

Cherchons-en les raisons dans ce cœur lui-même, dans une resistance trop foible au milieu d'une corruption générale, pour mettre un frein à ses égaremens, mais toujours assez forte pour faire comprendre la honte qui les suit.

Le cœur humain est le même dans les grands crimes comme dans les moindres ; il ne faut pas mériter l'échaffaud pour sentir la voix des remords. S'il y a des déréglemens qui n'exposent point à la rigueur des

Loix, il n'y en a point qui soient garantis des reproches intérieurs.

Cette voix importune, étouffée par la fougue des passions, mais jamais anéantie, peut être regardée comme la première cause de la pudeur. Elle est puissamment aidée à la produire, & même à la devancer, par un principe plus actif encore; on pourroit voir l'amour propre étendre avec empressement un voile épais sur le tableau de nos fautes, pour les dérober aux yeux de nos semblables, ou faire des efforts pour nous corriger. S'il ne peut nous rendre vertueux, il exige du moins que nous ne nous montrions qu'avec les apparences de la vertu. En gémissant de notre dépravation, il abhorre le deshonneur qui en est le partage. Il mandie sans cesse pour nous la bonne opinion & l'estime publiques. Moins nous la méritons, plus il redouble d'efforts pour nous l'obtenir. Il est sans cesse en garde, ainsi que la pudeur, contre les moindres traits qui peuvent effleurer l'éclat de la vertu.

Si le sentiment intérieur, & l'amour propre, luttant avec zèle contre l'empire des passions, sont l'unique source de la contradiction où nous sommes avec nous-mêmes, on en peut conclure que la réforme établie au Théatre par les Comédiens, s'y seroit introduite d'elle-même, comme elle a fait dans la société. Ainsi le mérite, si c'en est un, en tombe moins sur les Comédiens que sur l'amour propre.

D'ailleurs cette délicatesse si scrupuleuse à ne pouvoir souffrir aucune expression qui fasse équivoque, est une peuve de la corruption du cœur, elle n'annonce donc pas la réforme.

» On ne voit sur le Théatre, dirois-je » aux Comédiens, que des mœurs pu» res, des expressions gazées, qu'un jeu

« modeste. Mais sondez votre cœur,
» sondez celui de la nation, les trou-
» verez-vous plus sages ? en vous ac-
» cordant tout ce que vous demandez,
» vous n'êtes parvenus qu'à les rendre
» plus faux. Vous ne leur avez offert
» qu'un palliatif. S'ils paroissent meil-
» leurs ; en leur sauvant le deshon-
» neur public, vous les dispensez
» de le devenir. La rare découverte!

» Il valloit bien mieux par des
» tableaux vrais & forts, de leurs dé-
» réglemens, travailler à les en faire
» rougir. Ils se feroient enfin lassés
» d'une situation si gênante. Les plai-
» santeries piquantes & redoublées seu-
» les, le dégoûtent de leurs foiblesses.
» Le Théatre doit verser le sel à plei-
» nes mains. Tous ces ménagemens
» d'une vaine délicatesse, tous ces
» traits adoucis & enveloppés, man-
» quent leur but. Et voilà, Messieurs,
» ce qu'ont produit vos soins. Ne
» m'en croyez pas sur ma parole, &
» suivez-moi.

Une langue qui est dans toute sa force, a peu d'équivoques. Le génie, qui seul est le pere de cette langue, ne songe qu'à lui donner toute l'énergie dont elle est capable. Dans ses mains, toutes les expressions font image. Les plus beaux tours sont les plus mâles.

Quand Corneille & Bossuet étonnèrent la Cour & la Ville des torrents de leur éloquence ; ravis de ces prodiges de leur langue, les François n'eurent pas trop de toutes leurs facultés pour les admirer. Ils ignoroient que les termes les plus nobles pussent avoir des applications dangereuses. Le sens propre se présente toujours le premier. Le figuré n'est l'ouvrage que de la pauvreté & du rafinement. Cette analogie qu'on a remarquée entre eux & certains objets, mais qui est dans les mœurs d'une nation, & non dans sa langue, n'est connue que la derniere. Il n'est pas dans la nature du génie, toujours rapide, toujours emporté, de s'amuser, à chercher des rapports étrangers.

A peine le génie a brillé quelque tems, que l'esprit fonde un nouvel empire sur les débris du sien. Le goût que le premier a répandu, sert de baze à la puissance de son tyran. C'est presque en son nom qu'il s'empare des nations Sous cette puissance plus aimable, plus indulgente pour les passions, le rafinement présente à l'homme ces passions sous des couleurs plus douces. Il leur ôte ce ton revoltant, qui donnoit de la repugnance pour elles.

Ce changement dans les mœurs en produit un dans la langue; on est aimable, on veut paroître modeste. On ne veut point qu'il en coute à la liberté avec laquelle on se livre à tous ses penchants. Si on en rougit en secret, on ne doit pas s'y exposer en public. Il faut donc écarter tout ce qui pourroit y contribuer. On s'apperçoit que la langue, ou du moins certains mots peuvent reveiller en nous l'idée de ce qu'il y a de repréhenfible. Ces mots ont donc un rapport, un fens, une analogie criminels. Peuvent-ils ne le pas être ? Ils nous font des reproches fecrets, ils portent la rougeur fur notre front : n'en eft-ce pas affez pour les procrire ?

Les bienféances de ftyle, dans leur caufes & dans leurs motifs, ne font donc qu'une invention du rafinement & de l'amour propre. Elles annoncent donc plûtôt une dépravation générale, qu'une véritable réformation de mœurs. Nous difons plus, elles font encore une caufe de la décadence du beau, dans la Poëfie Théatrale.

Qu'une expreffion à qui l'on pourra donner un double fens, foit la feule propre a rendre une belle idée,

& fourniffe une rime riche. L'Auteur pour ménager la délicateffe minutieufe des Comédiens, ou du public, fe trouve dans un double embarras. Il faut rejetter une grande idée, & lui en fubftituer une autre ; ou celle-ci aura trop de rapport avec celles qui précédent, ou elle fera trop foible.

Quant à la rime, ou il ne s'en préfentera point, ou celle qui viendra eft déja employée plus haut. Le Poëte a donc à facrifier une penfée heureufe & fublime à une foible & médiocre, & vingt vers à refondre. Sa mufe fatiguée d'un travail inutile, ne lui infpire que des images communes, que des expreffions traînantes. Il voit lui-même dans fa correction, une glace, une langueur qu'il s'obftine envain d'en bannir.

S'il reprend fes pinceaux quand fon dépit eft calmé, un coup d'œil fur ce qui l'avoit allumé, l'empêche

de

de s'élever au grand. Oublie-t-il un moment ces entraves ? Elles lui offrent encore leur poids au bout de cinquante vers. Qu'elles reparoissent ainsi quatre ou cinq fois dans une composition, je n'en demande pas d'avantage pour la faire siffler.

Je conviens qu'il ne faut pas s'en prendre uniquement aux Comédiens, mais ils y ont la plus grande part. Que de chicanes frivoles ne font-ils pas à ce sujet aux Auteurs ?

Ces prétendues bienséances, dans les mœurs de la nation, & non dans le zèle des personnes de Théatre, ne peuvent donc tourner à la gloire de celles-ci.

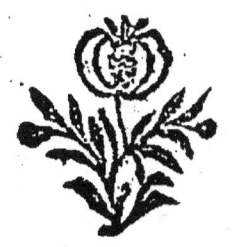

CHAPITRE XXII.

De l'usage du Théatre relativement au Comédien.

„ Les Comédiens ont un grand
„ usage du Théatre, qui leur suffiroit
„ seul pour décider sûrement de ce
„ qui doit plaire au public ou l'en-
„ nuyer. Rien ne leur échappe de
„ tout ce qui regarde la scène Ils
„ sont dans une habitude continuelle
„ de juger des impressions que nos
„ Poëmes dramatiques produisent
„ sur les spectateurs. Ils sçavent com-
„ ment on les intéresse. Enfin, un
„ Acteur voit clairement que la Tra-
„ gédie ou la Comédie qu'il va jouer,
„ sera bien ou mal reçue : & cette
„ certitude est le fruit de l'usage qu'il
„ a du Théatre.

Quand un Comédien s'en fait

honneur, ou il se borne à l'art de la représentation, c'est-à-dire, à tout ce qui convient à soi-même, ou à la scène, pour bien imiter ses personnages ; ou il entend par là, l'art du Drame, qui lui-même comprend la critique. Nous allons considérer l'usage du Théatre en général, & ensuite sous les principales faces dont ces diverses acceptions sont susceptibles.

Qu'est-ce que l'usage en général ? Une routine aveugle, qui nous entraîne sans que nous sachions pourquoi ; qui détermine la volonté sans consulter la raison ; qui dirige nos actions sans égard pour le goût, pour la perfection, & pour nos intérêts. C'est un tyran qui nous force à tout ce qu'il lui plaît : sans droit, sans motifs, il exige une entiére soumission. Sans principe il veut nous instruire.

Tel est un des premiers maîtres

du Comédien. Auſſi malgré ſes ſavantes déciſions, les piéces qu'il a reçues ſont ſouvent l'objet du mépris public, & celles qu'il a le plus vantées, ont eu le moins de ſuccès.

Sans doute que s'il a erré en faveur des Poëmes médiocres, ceux qui dans la ſuite ont été reconnus pour excellents, ne lui avoient pas échappés. Il eſt plus ordinaire de trouver beau ce qui ne l'étoit pas, que médiocre ce qui eſt beau. Nous allons nous convaincre, que non-ſeulement les Comédiens ont pris pour des chef-d'œuvres des Pièces qui n'ont pu avoir de ſeconde repréſentation; mais encore ont regardé, comme indignes du Théatre, celles que le bon goût a placées au rang des chef-d'œuvres. ″ Qui croiroit, ″ dit l'Auteur *des Dégoûts du Théa-* ″ *tre*, que l'*Œdipe* de M. de Voltaire, ″ c'eſt-à-dire, une de nos meilleures ″ piéces, fût d'abord refuſée? Elle fut

» jouée par les *Petits Comédiens*, &
» encore fallut-il un ordre de Mrs
» les Gentils-Hommes de la Cham-
» bre........ *Mérope* depuis essuya le
» même sort. C'est à Mlle. Dumes-
» nil que nous avons obligation de
» l'avoir vu représenter. *Mélanide* a
» été refusée. *Le Philosophe Marié*,
» pendant trois ans, resta enseveli
» chez un Comédien, sans qu'il dai-
» gnât jetter les yeux sur cette
» piéce.

N'est-il pas étonnant, qu'après tant de faux jugemens de la part des Comédiens, on répéte encore sans cesse, que l'usage du Théatre est une boussole sûre pour eux?

Est-ce en voyant jouer, ou en jouant la Comédie qu'on acquiert cet usage? Si l'Acteur joue, il est à son rôle; le desir de le bien rendre est en lui la passion dominante. Toutes ses facultés s'y livrent de préférence. Les applaudissemens tiendront, si l'on veut, le second rang. L'idée de la recompense se mêle naturellement à l'amour de la gloire. Mais l'ame de l'Acteur est fermée à tout autre objet : ensorte qu'il lui seroit impossible, hors du Théatre, de rendre compte de ce qui a plu dans son action ; si l'on excepte quelques coups de Théatre, ou ces grands traits, qui ont, pour ainsi dire, leur fortune faite.

Il est rare de voir un Comédien simple spectateur sur son Théatre, parce qu'il est rare que nous mettions notre état au nombre de nos plaisirs. Les raisons qui le déterminent à jouir du spectacle, sont d'un tout autre genre. Ce n'est guére que pour y voir le jeu d'un Acteur nouveau. Alors il n'est point occupé à tourner ses connoissances au profit de l'assemblée ; il les employe à juger l'aspirant & non à faire des similitudes.

Soit que l'Acteur repréfente lui-même, soit qu'il suive l'action d'un autre; l'usage du Théatre ne peut lui être d'aucune utilité, quand il s'agit de juger d'une piéce dramatique.

Pendant la lecture, peut-il faire assez d'attention à toutes ses parties pour décider du premier coup-d'œil, des effets qu'elles produiront ? Il pense 1°. à tout ce qui a rapport à lui ou à ses Confreres. 2°. Au goût du public. Deux idées trop différentes pour qu'elles ne s'affoiblissent pas réciproquement.

Le Comédien posséde le local, j'ai presque dit la tactique du Théatre, mais il est difficile de concevoir quelle lumiere il peut en tirer pour l'appréciation des piéces. C'est lui seul qu'il regarde : c'est lui seul qu'il cherche à faire briller par le rapport des convenances. Ce rapport préside à sa toilette, à ses études : il lui prescrit la maniere d'entrer & de se préfenter fur la fcène, d'y venir à propos, d'y prendre la place qui lui convient. Outre qu'il n'y a rien en tout cela qui faffe préfumer la moindre des qualités néceffaires à fixer le prix d'un Poëme; cet art eft peu de chofe en foi, & n'eft pas ignoré du dernier des Auteurs.

On ne peut pas étendre le local du théatre à l'action diftinctive des perfonnages. C'eft à leur caractère, à leur dignité à la dicter, & c'eft l'art du Poëte. Quelques-uns même des plus célèbres, ont rompu les nœuds qui uniffent cette action aux caractères, & leur Poëme n'y a rien perdu, comme nous l'avons remarqué à l'égard de Rodogune. Si le Comédien a quelque idée de ce principe, s'il exige qu'on s'y conforme fouvent, il fera faire bien de fotifes.

Pour qu'un Acteur connût les moyens qui font propres à toucher le spectateur, il faudroit, 1°. Que la somme de ces moyens fût déterminée. 2°. Que les Poëtes qui ont écrit jusqu'à nos jours, les eussent tous employés. 3°. Que du moins les beautés répandues dans leurs Ouvrages soient des modéles qu'il faille suivre servilement ; ensorte que les premiers servant de piéces de comparaison aux derniers, il ne soit pas permis de mettre ceux-ci en œuvre sans les avoir pésés dans la balance des autres.

Les moyens de plaire ne sont limités que pour les génies médiocres. Il est à la vérité une espéce de beau, au-de-là de laquelle l'esprit humain s'égare & se perd. Mais s'il ne peut s'élever à une certaine hauteur, il n'est pas borné dans l'étendue : il se promène en souverain dans son immensité. Tous les objets qui l'y environnent sont soumis à son empire absolu. Les Poëtes anciens, & ceux du dernier siécle, ont parcouru une partie de ces regions fertiles; mais dans cette partie même il est encore une multitude de sources à découvrir. Le flambeau du génie n'y brille jamais envain. L'abeille trouve des fleurs jusques dans les déserts.

Le beau est un Protée qui semble ne changer de forme que pour dérober son éclat. Mais le génie suspend ses mouvemens rapides, l'enchaîne, & d'un œil sûr pénétre ses charmes fugitifs. C'est un avare, qu'un héritier surprend enfin sur son coffre fort, & oblige à main armée de partager avec lui ses trésors.

Si l'empire du beau n'a de bornes que celles de la nature entiére, comment cinquante Poëtes que nous comptons tout au plus, en auroient-ils pu tarir les sources ?

Il n'est pas plus vrai que les traits brillants qui distinguent les Poëtes qui ont paru avant nous, nous indiquent la seule route à prendre en cette carriere. Quelques modernes, en petit nombre, ont imité les anciens, mais ils les ont presque toujours surpassés dans leurs copies, & alors même on ne doit imputer leur traduction qu'à une certaine paresse dont le génie le plus actif secoue le joug difficilement. La paraphrase lui offre des entraves. Que seroit-ce dans une imitation pure? Une imagination forte médite les anciens, pour y découvrir le sceau de la nature. Mais c'est dans le vaste livre des êtres qu'elle puise l'énergie & le sublime. On lit pour raisonner & pour combiner. On voit pour sentir & penser.

Enfin, pour nous convaincre que les Poëmes déja au Théatre, ne guident point le Comédien dans le jugement qu'il veut porter de ceux qu'on y présente, il ne faut que refléchir sur l'extrême différence qui se remarque dans les manieres des Auteurs, soit pour les sentimens, soit pour les pensées, soit pour l'expression. Les sujets sont-ils de même genre ? Les circonstances n'en sont pas. Sont-ce les circonstances ? Les sujets sont vus autrement. Non-seulement deux Auteurs ne voyent pas du même œil, mais un homme que deux événemens semblables auroient affecté pareillement, seroit un phénomène rare. Nous ne pouvons rester longtems dans la même assiette.

Dans les passions les plus connues nous nous proposons tous à-peu-près la même fin. Dans l'amour, c'est la possession; dans l'ambition, les honneurs, dans la haine, la vengeance. J'ai dit à-peu-près; car il seroit aisé de prouver que chacun aime, hait, ou est ambitieux, selon son tempérament. Mais les différences sont plus frappantes dans la maniere d'expliquer ces sentimens. Celle-ci dépend des lieux, des tems, des circonſtances, des mœurs, du gouvernement, de la ſituation, du rang, de l'éducation, des talents. Ici l'œil ſe perd dans la multitude des nuances.

Entend-on par l'uſage du Théatre la Poëtique elle-même ? Ce ne ſera pas un avantage particulier au Comédien. Il y a peut-être un tiers des ſpectateurs qui le poſſéde comme lui. & on ne niera pas que parmi nos Poëtes il en ſoit qui ſçavent mieux l'art théatral qu'aucun Comédien. Mais cette connoiſſance n'eſt pas plus utile aux uns qu'aux autres. Nos Comédiens ſe rappellent d'avoir quelquefois invité des amateurs aux répétitions de nouvelles piéces. Rarement le public a joint ſon ſuffrage au leur. Il eſt ſorti peu de Poëmes de la plume de nos Auteurs, dont ils n'ayent eſpéré un grand ſuccès. Combien de fois ne ſe font-ils pas trompés ? On me permettra d'en marquer ici en paſſant, une des principales raiſons. La foule des ſentimens qu'ils ont éprouvés dans la chaleur de la compoſition, a réduit leurs organes épuiſés à une eſpéce d'engourdiſſement. Dans cet état ces Poëtes ont pris les ſuggeſtions de l'amour propre, pour des élans de l'ame. C'eſt pour éviter cette ſurpriſe que les grands Ecrivains laiſſent un intervale aſſez long, entre la compoſition & la correction. Dans ce laps de tems les facultés ſenſitives réparent leurs forces, aux dépens de la prédilection paternelle.

Le flambeau de l'uſage ne peut découvrir les reſſorts du Drame. Plus il appelle l'eſprit à ſon ſecours, plus il penche du côté de l'erreur, plus il s'éloigne de ſon but, qui eſt de combiner de profondes impreſſions, dont le germe eſt dans l'ame. Il n'y a nulle rélation entre elles

& lui. L'établir leur juge, c'est donner au moucheron le prix de la force, au préjudice de l'éléphant. Un Drame n'est fait que pour le cœur. C'est à lui seul à l'apprécier. La critique, si susceptible de prévention, si facile à séduire, prend trop souvent le faux merveilleux pour le beau. C'est pourtant à son tribunal que l'usage pris dans le sens dont il s'agit ici, fait gloire d'appeller. C'est aussi pourquoi tant d'hommes d'esprit sont dédaigneux, & glissent sur des traits ravissants.

Nous remarquons dans tout ce qui nous environne, une vertu attractive & repulsive, qui ne paroît dans toute son énergie que quand elle agit directement sur notre ame. La présence des objets a seule ce rare privilége. Les sens sont leurs seuls canaux de communication. Telle étoit l'idée d'Horace, quand il disoit que le spectacle de la nature, offert à de bons yeux, éleve l'ame au véritable entousiasme. * Et quand on prétendroit que dans ce passage même le Poëte accorde que l'instruction produit au moins quelques sentations, c'est assez qu'il les place au dernier rang, comme insuffisantes.

Si l'usage du Théatre n'est d'aucune utilité au Comédien, pour juger sainement d'une piéce Dramatique, il est aisé de prouver qu'il est en lui un obstacle à de justes décisions.

La théorie, nous l'avons déja dit ailleurs, ne tend qu'a asservir le génie sous le joug pésant des régles, & semble n'être le partage que de froids observateurs. Ces fastueuses compilations ont toujours suivi le siécle des chef-d'œuvres, & n'en ont jamais produits. Un Poëte occupé des prin-

---

* Segniùs irritant animos demissa per aurem,
Quàm quæ sunt oculis subjecta fidelibus.....

cipes de son art, ressemble à un grand Général, entouré de soldats timides, qui retiennent sans cesse les nobles transports de son courage.

La théorie ne refroidit l'entousiasme qu'en émoussant le sentiment. Le Comédien n'acquiert la théorie que par l'habitude. Eh! qui ne connoit ses funestes effets!

Nos premiers Comédiens m'ont dit plus d'une fois, que la plus ennuyeuse & la plus rebutante de leurs fonctions, c'étoit de jouer souvent les mêmes piéces, ou d'étudier des ouvrages de même genre. Il leur faut des efforts continuels pour remplir leur mémoire d'idées qui n'ont qu'une fin unique ; pour emprunter des situations toutes contraires à celles de leur ame ; enfin pour paroître embrasés du feu des passions au milieu de l'insensibilité, & de la langueur. Envain l'intérêt les encourage & les anime, envain leur pré-

III. Partie. L

fente-t-il en prefpective les applaudiffemens les plus flatteurs. Ces motifs, quelques puiffans qu'ils foient, ne les arrachent pas toujours au dégoût létargique qui affaiffe leurs facultés. Delà ce qu'il en coû pour fe livrer à de nouvelles études : Delà les brufqueries qui leur échappent, les divifions, les rixes entre eux ; delà enfin, ces inégalités qu'on apperçoit fi fouvent dans leur jeu.

Tel eft l'effet de l'ufage & de l'habitude du Théatre fur le Comédien ; effet fi généralement reconnu, qu'il n'y a pas un Acteur, tant ils font excédés de leur état, qui n'en prît tout à l'heure un autre moins lucratif, pourvu qu'il y fût exempt de contrainte, & de ce retour faftidieux des mêmes actions.

Ce feroit mal connoître l'effence de cette cruelle fatiété, que de prétendre qu'un Acteur peut s'y fouftraire quand les circonstances l'exigent. Cet ennemi de notre bonheur, né de la possession même, ne nous quitte plus, quand il s'est une fois emparé de nos cœurs. S'il étoit en notre pouvoir de l'en chasser, Verrions-nous tant d'hommes comblés de biens, gémir d'une inertie d'organes, que tous les charmes de la diversité ne peuvent vaincre?

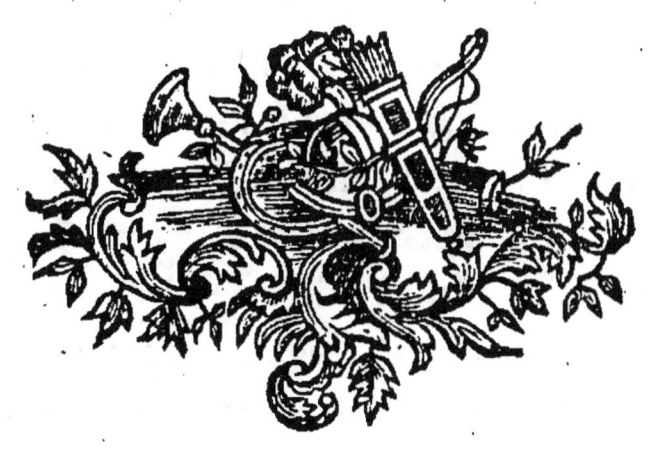

CHAPITRE XXIII.

Si les Comédiens doivent prendre le titre de Compagnie.

Nous avons dépouillés, dans les Chapitres précédens, les Comédiens des talens & du mérite que la prévention leur avoit accordés. Nous y avons été forcés en quelque forte, pour entrer dans le détail des ufurpations qu'ils ont faites fur le public, fur les Auteurs & fur le Théatre. Ufurpations qu'on fondoit principalement fur des talents & des fervices rendus aux mœurs. En prouvant le peu de folidité de ce fondement, nous avons fait voir de quel préjudice il étoit au Poëme dramatique. Enfin, pour achever cette démonftration, nous allons traiter dans ce Chapitre d'une nouvelle prérogative que les Comédiens s'arrogent.

Les idées qu'on attache aux mots d'une langue, étant fondées sur une convention générale entre une ou plusieurs nations, il est visible qu'on ne peut y donner atteinte, sans jetter ces peuples dans une confusion dangéreuse & presque sans reméde.

Le lien le plus doux, & le plus fort des hommes en société, est l'art de se communiquer mutuellement leurs pensées. Cet art a plus de charmes s'il est débarrassé d'un grand nombre de difficultés. Eh! d'où peuvent naître celles-ci plus abondamment, que des différens sens attribués à un même mot?

L'équivoque est une des premiéres preuves, nous le répétons, de l'appauvrissement & de la décadence des langues. Les mauvaises acceptions qu'on s'est accoutumé à donner à un terme, empêchent qu'on ne lui en donne de bonnes.

D'ailleurs quelle fûreté y a-t-il dans le commerce, quand les Monnoyes n'ont pas une valeur effective & conftante ? Ici on fe trompe l'un l'autre, en appliquant des idées différentes à ce qu'on fe dit. Là le Négociant, victime d'une apparence illufoire, perd fon bien s'il reçoit ces monnoyes, & la confiance publique, s'il les échange contre des valeurs réelles.

J'ai dit en outre que la confufion opérée par l'abus des termes, étoit fans remède. On n'attache guère d'idées équivoques, qu'on n'y ait un intérêt particulier. Et on fçait que quand l'homme eft guidé par ce motif, il fuit le cours de fes defirs avec autant de rapidité que de conftance.

Les langues les plus belles fe font altérées, ou même confondues en des nouveaux idiômes. L'on n'en a point vu reprendre leur premier luftre. La langue latine étoit déjà avancée vers sa ruine, quand Quintilien en expliquoit les causes, & exhortoit la jeunesse Romaine à goûter les leçons du beau. Il fallut céder au torrent des choses humaines.

La France a dans son sein plus d'un Quintilien; mais la finesse, le papillonnage, le néologisme, ont fait des progrès; cette langue qui fit les délices de l'Europe entiére, dégénére en une vaine délicatesse, en un puéril rafinement.

A qui s'en prendre? A l'abus des termes. C'est lui qui décourage le Philosophe, trop sérieusement occupé pour s'abaisser dans ses démonstrations, à la recherche d'un stile de ruelle. C'est lui qui a employé les mots les plus chastes à peindre les déréglemens d'une imagination licencieuse. C'est lui qui désespére l'Etranger, par les peines qu'il lui donne, de réunir, sous une même expreſſion, pluſieurs idées contradictoires. Il précipite la révolution & confond les états. Il fait un Poëte du plus mince rimailleur, un Magiſtrat du moindre Officier de Police, enfin une Compagnie d'une troupe de Comédiens.

Qu'eſt-ce donc qu'une Compagnie? C'eſt un corps compoſé de membres diſtingués par leurs fonctions ou par leur mérite perſonnel. Je ne crois pas qu'on me conteſte cette définition. On ſçait ce que c'eſt qu'un homme de mérite chez les ſçavans. Nos Académies qui en ſont compoſées, ſont des Compagnies, dont il eſt d'autant plus glorieux d'être membre, qu'on n'y brille d'aucun éclat étranger, & que le ſçavoir y eſt la premiere diſtinction. Si ces Corps prennent la qualité de Compagnies, qui pourroit la leur diſputer? Seroit-ce nos Comédiens?

Entre ces Compagnies, les Cours Souveraines

Souveraines, en qui reside une portion de l'autorité Royale, tiennent, sans contredit, le premier rang. Etre les dépositaires des constitutions de l'Etat, & des volontés suprêmes de nos Rois, les organes de la Justice, les appuis du Trône, des Peuples & des Loix ; voilà leurs fonctions. Qu'on ne nous accuse point d'en séparer le mérite personnel ; les lumiéres qui ont toujours brillé dans ces Cours, les rendent plus respectables encore.

Ne seroit-ce pas profaner ces augustes Tribunaux que d'en approcher même les Comédiens ? Ne seroit-ce pas comparer ces Globes lumineux, & bienfaisans, qui promenent leur immensité au plus haut des airs, avec ces atômes, dont la petitesse échappe aux regards, & d'un souffle est replongée dans le néant.

Tels on verroit auprès de nos Magistrats, les Comédiens accablés

II. Partie. M

fous le poids de leur orgueil infructeux, fe perdre dans leur propre baffeffe.

Je ne fuis pas, étonné que les Comédiens ayent rejetté la dénomition de *Troupe*, qui leur eft confacrée. Elle eft une marque trop évidente d'une profeffion vile. Mais comment concevoir que leur vanité en ayant adopté une plus honorable, celle-ci ferve de prétexte au public pour confirmer leurs prétentions?

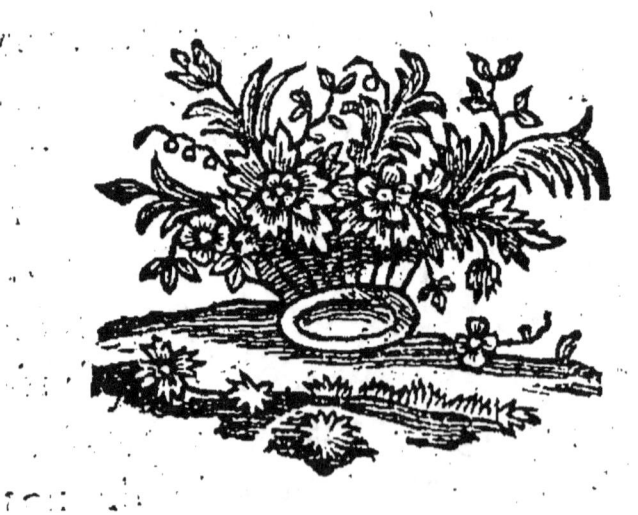

CHAPITRE XXIV.

Le sentiment, juge plus sûr que le goût. Celui-ci préféré au premier. Pourquoi ? Amour du Théatre, funestes à ses progrès. Honneurs avilis en devenant trop communs. Cabales. Leurs effets, & les moyens qu'on employe pour les éluder. *

S I dans les tems, où le public ne suivoit que les impulsions de l'ame, ses jugemens ont été quelquefois démentis par la raison ; on ne doit

---

* Ce Chapitre, égaré pendant le cours de l'impreffion de cet Ouvrage, ne s'eft retrouvé que quand il n'étoit plus tems de le mettre à fa véritable place, & on a été obligé de l'imprimer le dernier.

regarder ces erreurs que comme des accidens paſſagers, qui ne peuvent porter atteinte, ni à ſes droits, ni à ſes déciſions. On eſt ſurpris que ce public, qui pour la plûpart, eſt dépourvû de lumieres ſuffiſantes, ſe trompe ſi rarement à apprécier les ouvrages d'eſprit, leur juſte valeur; tandis que les Auteurs eux-mêmes n'en ont fait avant lui, que des éloges hazardés.

Outre que la repréſentation, pour nous renfermer dans le Théatre, en mettant ſous les yeux tous les reſſorts, toutes les machines d'un Drame, affecte plus diſtinctement que la lecture; il nous ſemble que le public eſt, dans ſon état naturel, éclairé par un guide plus fidéle que celui des Gens de Lettres. On comprend que nous voulons dire le ſentiment, beaucoup plus difficile à ſéduire que le goût.

S'il étoit poſſible que les Auteurs

fissent une entiére abstraction des connoissances qu'ils ont du Théatre, & de l'art Dramatique ; leurs arrêts mériteroient plus de confiance. Mais ces connoissances sont impérieuses. Elles appellent sans cesse au tribunal du goût, juge assez intégre, pris généralement, & si partial, considéré dans chaque individu, qu'il est indéfinissable. Un Auteur, attaché à son système, ou entraîné par ses préjugés, ne prononce le plus souvent que d'après des rapports qui lui en imposent.

Le Public au contraire ne décide que sur les impressions qu'il éprouve. Celles-ci n'agissent sur l'ame que de le maniere qu'elles le doivent. S'il en est de plus susceptibles que les autres, la différence est dans le dégré, & non dans la nature de l'émotion. Cette sensibilité viendra, si l'on veut, de la délicatesse des organes. Il n'en sera pas moins constant, qu'elle aura sa source primitive dans la beauté des objets qui nous seront présentés. Une ame, accoutumée à ne s'ouvrir qu'aux effets, les sent plus vivement. Nulle considération étrangère, ne l'occupe. Elle est concentrée dans ses sensations.

On en fait l'expérience, quand le Théatre est ouvert au peuple. Il ne raisonne point, il se laisse toucher. Tout l'étonne, mais il n'applaudit qu'à ce qui excite le rire, ou qu'à ce qui le pénétre d'attendrissement & d'horreur. On a remarqué que les grands morceaux ne manquoient point leur effet sur lui. Le Théatre demanderoit donc des cœurs toujours neufs: il seroit à souhaiter que nous fussions peuple à cet égard, & que nous eussions l'attention de nous maintenir dans une sorte d'ignorance. Nous en serions plus sensibles, & nos suffrages plus flatteurs.

Tant que l'art Dramatique n'a

été connu que par les génies qui le profeſſoient, on rendit juſtice à leurs beaux Ouvrages. Le goût du Théatre devint-il général ? Il peupla le Parterre de legiſlateurs, qui ne s'y rendoient que pour étaler la ſagacité de leur eſprit, & de leur critique. La démangeaiſon de briller fit perdre le plaiſir de ſentir. Elle paſſa en habitude, qui elle-même dégénéra en ſatiété. On parut dégoûté des beautés déja étalées ſur la ſcène. On courut encore au Théatre, mais on n'y trouva plus le même plaiſir.

Ce changement, dans les diſpoſitions des ſpectateurs, en produſit néceſſairement dans les Poëtes. La froideur des uns affoiblit la fougue des autres. Ceux-ci applaudirent moins; ceux-là, travaillerent moins à être applaudis. Pluſieurs d'entre ceux qui auroient réuſſi dans cette lice, n'y étant plus retenus par l'eſpoir d'une juste admiration, ambrassèrent d'autres genres.

Si quelques-uns cédèrent à leur penchant; ils sentirent la nécessité d'innover pour plaire, & pour triompher d'un refroidissement universel. Ils abandonnèrent les routes battues; préférèrent le plus piquant au plus agréable; le mélange confus des teintes, aux charmes d'un coloris naturel, la multitude des incidens, au doux prestige d'une action simple; enfin, le merveilleux au beau.

Je n'ignore pas que cette ardeur pour les découvertes, en a présenté d'assez heureuses. Mais qu'on leur compare les foibles copistes qui ont suivi leurs inventeurs; & l'on sera convaincu qu'elles ont été plus séduisantes qu'avantageuses.

L'usage fréquent du Théatre a encore un autre inconvénient. On y puise des idées de l'art, on se remplit du talent des Acteurs. Toutes imparfaites que soient les premieres, on ne laisse pas d'en faire la mesure de ses suffrages. Il est aisé d'imaginer combien elles enfantent de faux préjugés dans les jeunes gens, & même parmi le commun des spectateurs. Si l'on en excepte les Journalistes, qu'est-ce qui fait la critique de nos piéces nouvelles, dans le Parterre, ou par la voie de l'impression ? Des Ecoliers, des Enfans qui ont à peine une teinture des Lettres. On entend rarement un connoisseur analyser au Théatre. Si la piéce est bonne il la suit, l'admire avec ravissement. L'attention, le plaisir de l'ame sont muets, & ne se manifestent guére que par des mouvemens involontaires. Si elle est mauvaise ? Elle ne l'est pas en tout. Moins il y a d'endroits qui le flattent, plus il s'y arrête. S'il est distrait par les autres, son esprit est de nouveau entraîné dans une foule de refléxions que leur différence amène naturellement, il se dédommage, en pensant, d'avoir moins d'impressions qu'il n'en espéroit.

La jeunesse au contraire crie, & s'échape en traits malins. D'ailleurs, avide de gloire, elle croit y atteindre par des décisions hardies. Il arrive presque toujours, qu'occupée uniquement de ce qui la blessé, elle est peu capable de goûter le reste. De foibles lueurs l'aveuglent. Elle aspire au mérite de passer pour avoir du goût. Il est plus aisé de s'en supposer que d'en acquérir. Elle en connoît le nom, c'en est assez à son gré. La voilà établie juge du génie, d'une maniere plus honorable que par le sentiment ; qui ne laisse rien à faire à l'esprit.

La réputation de l'Acteur achevera la séduction. S'il joue bien, on l'applaudira, de sorte qu'il appercevra que c'est lui plus que la piéce. Cette injurieuse distinction offense les Auteurs & les spectateurs éclairés. Les uns en sont tellement indignés qu'ils ne la perdront pas de vûe au milieu de leurs compositions. Ils effacent de beaux morceaux dans la crainte qu'ils ne les compromettent. Ou ils en feront en faveur de l'Acteur, pour que leur ouvrage ait au moins cette espéce de mérite. Ici ils sacrifient de vrayes beautés. Là ils s'épuisent en vains efforts, parce qu'ils envisagent moins leur propre gloire, que celle du Comédien ; motif qui éteint l'enthousiasme.

Quant aux amateurs ; des suffrages si injustement distribués, les préviennent contre les juges. Ils plaignent les Poëtes, oublient l'Acteur, sont peu frappés du spectacle, & finissent souvent par s'en dégoûter.

Si au contraire le jeu est foible, les chef-d'œuvres de la scène ne font pas épargnés. Le mécontentement semble retomber sur eux. N'est-ce pas une véritable profanation, qui humilie les Auteurs & désespére les Amateurs ? Oseroit-on dire que le Théatre n'en souffre pas infiniment, ou que nous exagerons ? N'avons-nous pas des Comédiens inégaux dans le même rôle, & moins applaudis un jour que l'autre ? N'a-t-on pas vû des Poëtes irrités de ces négligences, en faire éclater leur dépit en plein Théatre ?

Que seroit-ce, si cette multitude de Livres, qui traitent des principes du Drame, tomboit entre les mains du public ? Ils lui donneroient plus de confiance en sa théorie, il ne parleroit plus qu'élemens : il leur conféreroit sans cesse toutes les parties d'une Tragédie ; le tems que dure un spectacle ne seroit employé qu'à des disputes sur l'art d'attendrir & d'émouvoir, qu'à des puériles discussions sur les fautes que l'Auteur pourra avoir commises. Les facultés de l'ame, assoupies dans un fatras de sophismes, seront à peine éveilleés par les éclairs du génie. L'analyse continuera ses combinaisons jusqu'à la fin de la piéce, sans avoir permis la moindre émotion.

Que le Lecteur prononce sur ce partage ridicule des applaudissemens, sur le découragement où nos demi-connoissances doivent jetter les Poëtes, & sur les suites qu'elles ont à l'égard du Théatre. Pour moi je ne puis m'empêcher de répéter que l'art Tragique se propose d'ébranler l'ame par de violentes sécouffes ; que le sentiment perd de son activité à proportion que l'esprit fait des progrès ; que le goût analytique est le plus cruel fléau de l'imagination & de l'enthousiasme ; que c'est à l'empire qu'il exerce de nos jours sur le Parterre, qu'il faut attribuer en partie, la foiblesse de nos Poëmes, & la décadence du Théatre.

Doit-on s'étonner que ceux qui s'adonnent à ce genre périlleux, prennent presque autant de soin de gagner les spectateurs, que de composer de bons ouvrages ? Ils n'en portent que de jugemens hazardés. Il est donc plus essentiel d'en attirer le grand nombre dans son parti, que de leur plaire. On est plus sûr d'y parvenir par des caresses que par des beautés. On prodigue les unes, sans trop s'attacher à se rendre digne des autres. De-là ces brigues qui nous divisent en autant de factions, qu'il y a de prétendans. Les talents ne font plus de rivaux, mais des ennemis. Les Muses, ces filles de la paix, sont continuellement sous les armes. Acharnées bassement les unes contre les autres, elles ne cherchent qu'à s'entre-détruire.

O vous! Sages de l'antiquité, qui

regardiez les Lettres comme le plus solide fondement des sociétés, comme l'œil universel de la sagesse, le thrône des mœurs, & un lien sacré du genre humain. Paroissez dans ce siécle que vous avez éclairé. Vous verrez en frémissant, qu'elles n'y sont souvent que des mégères, vomies pour l'opprobre & la désolation de l'humanité. Non, non : restez dans la nuit paisible de vos tombeaux. Ce spectacle affreux vous feroit regretter d'avoir joui encore une fois de la lumière.

Nous ne dissimulerons point que les Auteurs n'ayent une part, même considérable, à ces guerres honteuses qui déchirent la république des Lettres. Mais si d'un côté l'envie s'éleve d'elle-même contre des triomphes qui la blessent ; de l'autre, la gloire dispensée avec peu de ménagement & d'équité, est un larcin que l'amour propre souffre impatiemment.

Pour prévenir ici toute maligne interprétation, nous déclarons qu'en traitant cette matiére, nous n'avons en vûe que ce public qui abufe chez nous, comme ailleurs, de la liberté des fuffrages, pour les prodiguer fans raifon, ou pour en faire une mauvaife diftribution, de quelque maniere que ce foit. Un des éloges le mieux fondé de notre fiécle, c'eft que les Nations de l'Europe font gouvernées par des Souverains qui s'empreffent d'accueillir les talents, & de les combler de bienfaits: Cette idée de la véritable grandeur, anime ceux qu'ils commettent aux différentes branches de l'adminiftration. Ils fe difputent l'honneur d'entrer le plus parfaitement dans les deffeins de leurs auguftes Maîtres. Après avoir mis aux pieds de leurs

Trônes

Trônes, ce tribut d'admiration & de respect, rentrons dans notre sphère.

Une injuste dispensation a fait naître ces cabales, qui, parmi nous, s'intéressent au succès, ou à la chûte des nouveautés. Nous convenons que le public entier n'y entre pas toujours. Mais il y a communément une ligue favorable, & une ligue ennemie. L'une & l'autre l'emportent sur la petite portion des spectateurs désintéressés. La suite ordinaire de ces combats divers, c'est la confusion, que la plus exacte police a peine à dissiper.

Qu'elles précautions ne prend-on pas pour éviter les piéges & les cris de la cabale ? Néricault Destouches, crut devoir donner sa Comédie de *l'Ambitieux & de l'Indiscrette*, sans la faire afficher. Son exemple a été suivi de plusieurs Poëtes : quelquefois la prudence exige qu'on garde l'*incognito*, comme Fuselier l'a gardé jusqu'à la vingtième représentation d'une de ses piéces, (c'étoit *Momus Fabuliste*).

L'un de ces Auteurs a reculé l'instant agréable d'apprendre au public, qu'il s'étoit occupé de ces plaisirs. On sent combien ses détours coûtent à l'amour-propre. L'autre a été obligé de sacrifier longtems sa gloire pour en jouir sans trouble. N'est-ce pas payer bien cher ses succès que de n'oser les avouer? N'est-ce pas affaisser l'ame que de la priver du prix de ses travaux? Et on est assez injuste pour reprocher à nos Ecrivains leur médiocrité! Comment pouvons-nous voir, sans rougir, ces ruses qu'ils sont contraints de mettre en usage pour échapper aux traits de notre malignité? Ce sont autant d'accusations sans replique, autant d'outrages que nous avons soin d'écarter, ou même de ne pas appercevoir.

Quand on eſt capable de ſe prévenir, on n'eſt pas digne d'être juge. On ne l'eſt plus quand on a un autre intérêt que celui de la juſtice. Le public prétend-il conſerver ſes droits en en abuſant ? prétend-il qu'on veuille lui plaire, ſi l'unique moyen d'y réuſſir eſt de le corrompre ? S'il eſt plus facile de le tromper que de bien faire ? Il eſt pourtant dans ce cas. Auſſi les ouvrages ſont foibles, parce qu'on ne daigne pas les travailler. Les factions ſont fréquentes, parce que le nombre des créatures ſupplée à celui des beautés. On foule aux pieds les lauriers du Théatre, flétris par une impudente prodigalité. C'eſt ainſi que Néron avilit le triomphe en l'accordant à un Eunuque. Ces acclamations, ces demandes d'Auteurs, honneurs qu'on n'a pas faits aux Corneille, aux Racine, aux Moliére, ne ſignifient plus rien, ſont tombés dans le mépris. On a relâché, usé tous les ressorts de l'ame.

Je crois voir des Athéniens élever plus de trois cents statues au seul Démétrius-Poliorcète. Des Romains accabler d'éloges & d'apothéoses les moins estimables de leurs Empereurs. Ce Démétrius, ces Empereurs méprisoient des peuples qui ne mettoient point de bornes à leurs flatteries. Les honneurs qu'elles inventèrent, perdirent tous les charmes qu'elles devoient à une économie modeste & éclairée.

C'est ce qui est arrivé à notre Théatre. On ne sçait plus accueillir les germes du talent que par des éclats convulsifs, & des exagérations. Ceux qu'on en honore en sont rassasiez dès leur entrée dans la carriere. Ils n'y ont plus de motifs d'émulation, n'y sont point soutenus par l'espoir d'un succès qui ne peut plus s'accroître. La gloire les enyvre, les suffoque, & ne les aiguillonne point. Quand on n'a plus rien à prétendre, on doit jouir dans une molle oisiveté. C'est ainsi que nous étouffons nous-mêmes les talents naissants. Quels maux n'en resultent-ils pas?

Les Poëtes qui ne font que spectateurs de ces abus des honneurs & des suffrages, ne regardent le Parterre que comme une Courtisanne, dont la beauté frappe d'abord, & en qui une facilité qui éteint le desir, révolte aussi-tôt. On est tenté de lui plaire au premier coup-d'œil. La réflexion apprend qu'on doit en être peu flatté. Si elle n'empêche pas quelques démarches, elle glace l'imagination : on demande avec indolence ; la victoire même est mêlée d'amertume, & de confusion.

Nous n'entendons pas mieux nos intérêts dans la conduite que nous tenons avec les Comédiens. Nous semblons n'aller au spectacle que pour eux. Presque seuls, ils nous occupent quand nous en sommes sortis. Ceux qui ont la vogue paroissent ils sur la scène ? Un bruit terrible les arrête plusieurs minutes : ils oublient l'esprit de leur rôle : ils sortent de l'état où ils s'étoient mis avant d'arriver : ils n'y rentrent qu'avec effort, & souvent aux dépens de la vérité & de l'illusion. L'idée avantageuse qu'on leur donne d'eux-mêmes, rallentit l'ardeur de la mériter. Elle porte le trouble dans leurs sens, & altére leurs organes. La premiere scène finit, sans qu'ils ayent pu revenir de cette espéce d'ivresse. Elle est trop dans la nature pour qu'on soit le maître de s'y refuser. Les Acteurs eux-mêmes avoueront ces effets d'une prévenance maladroite.

On intrigue aussi pour eux. Chacun a ses partisans. Le besoin de les multiplier sembleroit déterminer les Comédiens à une plus grande application. Mais ils ont des moyens moins pénibles; il est naturel de les employer. Quelques commodes qu'ils soient, ils exigent des soins & des complaisances, & c'est autant de perdu pour leurs études.

Les adulations outrées vont plus loin encore. Elles leur inspirent le mépris des ordres supérieurs, interrompent le cours des représentations, & font retirer, de dépit, des sujets nécessaires à la scène. Qui souléve les Acteurs contre les loix ? L'importance qu'on a inconsidérement attachée à leur profession. Qui les enhardit à manquer de respect à leurs Juges ? Ces Juges qui ne sçavent pas se modérer eux-mêmes. Qui fait douter si les Comédiens sont dévoués aux plaisirs de la société, ou si elle l'est aux leurs ? C'est elle, en comblant sans reserve, d'éloges, d'honneurs, & de présens, des gens qu'il ne faut encourager qu'en raison de leur dépendance, & qu'autant qu'ils ne s'écartent pas de leurs devoirs.

Que penseront nos Neveux, s'ils apprennent que quand des Acteurs ou des Actrices, avoient mérité d'être punis, ils se voyoient jusques dans leur prison, une espéce de cour? Que leurs maladies nous causoint la plus vive tristesse, & que leurs Confréres ne pouvoient ouvrir la scène qu'auparavant ils n'eussent dissipé nos allarmes par des nouvelles consolantes ? Nos descendans seront forcés d'avouer que la Nation s'opposoit elle-même à ses plaisirs, méconnoissoit ses droits, & ignoroit que l'économie, & une sage distribution, donnent seules à la gloire & aux récompenses, l'éclat qui les fait briguer avec entousiasme.

F I N.

www.ingramcontent.com/pod-product-compliance
Lightning Source LLC
Chambersburg PA
CBHW052300220526
45471CB00001B/418